Ciencia a lo grande

Ciencia a lo grande

David Macaulay

DK

Edición sénior Jenny Sich
Edición de arte sénior Stefan Podhorodecki
Edición Kelsie Besaw, Vicky Richards
Diseño Kit Lane
Dirección de desarrollo del diseño de cubiertas
Sophia MTT
Diseño de la cubierta Stefan Podhorodecki,
Priyanka Bansal
Diseño de maquetación sénior Harish Aggarwal
Edición de producción Rob Dunn
Control de producción Sian Cheung
Dirección ejecutiva Francesca Baines
Dirección ejecutiva de arte Philip Letsu
Dirección editorial Andrew Macintyre
Dirección de arte Karen Self
Subdirección de publicaciones Liz Wheeler
Dirección de publicaciones Jonathan Metcalf

Textos Jack Challoner,
Andrea Mills, Georgia Mills
Consultoría Derek Harvey, Penny Johnson

Agradecemos a Helen Peters la preparación
del índice y a Victoria Pyke la corrección

Servicios editoriales Tinta Simpàtica
Traducción Ana Riera Aragay

Publicado originalmente en Gran Bretaña en 2020 por
Dorling Kindersley Limited
DK, One Embassy Gardens, 8 Viaduct Gardens,
London SW11 7AY
Parte de Penguin Random House

ISBN: 978-0-7440-2567-5
Impreso y encuadernado en China

Para mentes curiosas
www.dkespañol.com

Contenidos

Materia

Estados de la materia

Todo lo que te rodea está compuesto de materia. Desde los árboles hasta los ordenadores, pasando por el aire que respiras. Si ocupa espacio, es materia. La materia puede presentarse en tres estados básicos: sólido, líquido y gaseoso. Aunque pase de un estado a otro, la sustancia sigue estando compuesta por las mismas partículas diminutas. Pero estas partículas se comportan de un modo distinto en cada estado, tal y como muestran los mamuts de estos tres vasos de precipitado.

Fluyen libremente
Los gases de verdad (no los formados por mamuts) resultan más difíciles de ver.

Sólido
En este vaso, la materia de los mamuts constituye un conjunto sólido. Las partículas permanecen juntas y se acoplan formando una estructura compacta y densa. Por eso los sólidos tienen una forma fija.

Líquido
Aquí, la materia de los mamuts es líquida. Las partículas siguen estando juntas, pero pueden deslizarse unas sobre otras. Fluyen hasta adoptar la forma del recipiente.

Los sólidos conservan su forma

Materia de los mamuts
Los mamuts representan las partículas diminutas que componen la materia. Estas partículas son siempre las mismas, pero la forma en la que se comportan es totalmente distinta en cada estado.

Gas

En estado gaseoso, la materia de los mamuts no puede permanecer en un vaso abierto. Las partículas no están unidas entre sí y se mueven libremente ocupando todo el espacio disponible.

Hielo

A menos de 0 ºC de temperatura, el agua se congela y se vuelve sólida. Sus partículas pierden energía y se quedan atrapadas en una forma fija. El agua es atípica porque se expande al congelarse, ocupando más espacio. Eso significa que el hielo es menos denso que el agua, razón por la que el hielo flota en ella.

Sólido congelado

Atrapado en el hielo, este mamut está viviendo una experiencia escalofriante.

Descongelación

Gota a gota, el hielo se derrite y aparece el mamut.

Cambios de estado

La mayoría de las sustancias pueden cambiar de estado: de sólido a líquido, luego a gas y de nuevo a sólido. Podemos hacer que una sustancia cambie de estado cambiando su temperatura. Al calentar una sustancia sólida, damos más energía a sus partículas, de manera que estas se mueven más y la sustancia se transforma en un líquido; si la calentamos más, se evaporará en forma de gas. Al enfriar un gas, este se condensa y se convierte en líquido y termina congelado en forma sólida.

Hielo, agua, vapor

El agua es la única sustancia de la Tierra que se encuentra en la naturaleza en los tres estados: como hielo sólido, como agua líquida y como vapor de agua gaseoso. Afortunadamente para este mamut congelado, no cuesta demasiado hacer que el agua cambie de un estado a otro: basta con subir la temperatura.

De estado a estado

El agua puede cambiar de un estado a otro una y otra vez. El hielo se derrite en forma de agua, que se evapora en forma de vapor, que se condensa en forma de agua, que se congela en forma de hielo. Normalmente, una sustancia tiene que pasar por el estado líquido, pero en determinadas circunstancias, puede saltarse ese paso y pasar directamente de sólido a gas. Eso se conoce como sublimación. Cuando ocurre lo contrario y un gas pasa directamente a sólido, se conoce como deposición.

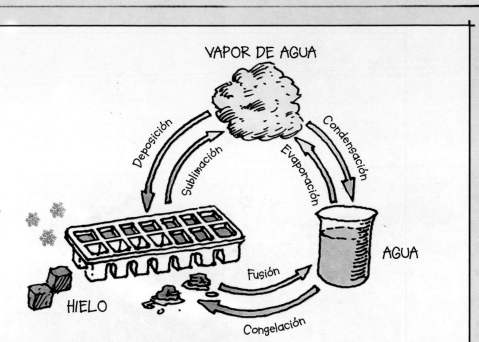

VAPOR DE AGUA

Deposición · Sublimación · Condensación · Evaporación

AGUA

Fusión

HIELO

Congelación

Agua

La temperatura a la que un sólido se convierte en líquido se conoce como punto de fusión. En el caso del agua es 0 °C. Si calientas el hielo a más de dicha temperatura, sus partículas consiguen la energía suficiente como para separarse y convertirse en líquido.

Vapor de agua

A medida que el líquido consigue más energía, las partículas empiezan a moverse más rápido y su temperatura aumenta. Algunas partículas del líquido tienen energía suficiente como para evaporarse, se escapan hacia el aire y forman un gas llamado vapor de agua.

Secado

El calor del fuego seca el pelo mojado del mamut transformando el agua en vapor.

Nubes de vapor

El vapor es invisible. Las nubes que ves cuando el agua hierve suelen denominarse vapor, pero en realidad están formadas por gotas diminutas de agua líquida.

11

Densidad

Todos los objetos del planeta están compuestos de materia, pero unos tienen más que otros. La densidad mide cuánta masa (la cantidad de materia) tiene un objeto en relación con su volumen (el espacio que ocupa). Los objetos más sólidos son más densos, porque sus partículas están más juntas entre sí. Los líquidos y los gases tienden a ser menos densos porque sus partículas están más separadas.

¡A pesarse!

Los tres mamuts de las básculas son muy distintos entre sí. Su forma y su tamaño son parecidos, pero las básculas indican que su masa es distinta. Eso se debe a que, a pesar de tener un mismo volumen, su densidad es muy distinta.

Mamut de lana
Entre los hilos de lana de esta mullida figura hay grandes cantidades de aire atrapado, lo que hace que sea mucho menos densa que la versión de carne y hueso.

Mamut de verdad
Un mamut se compone de una mezcla de materiales, como pelo y huesos, que juntos lo hacen menos denso que el de granito, pero más que el de lana.

12

Mamut de granito
La pesada piedra de esta escultura está compuesta de partículas muy pegadas entre sí. A igual tamaño, los objetos densos son más pesados. ¡Este ha roto la báscula!

Medir la densidad
Para calcular la densidad de un objeto, debemos conocer su masa y su volumen. Para conocer su masa, basta con ponerlo en una báscula, pero a causa de su forma irregular, averiguar su volumen puede ser algo más complicado. En casos como estos, el volumen se puede calcular con un método llamado desplazamiento.

Se sumerge en un tanque
Al sumergir el mamut en el agua, parte del agua es desplazada (empujada hacia otro lado) para que quepa.

El agua es desplazada

El nivel del agua sube
El agua desplazada tendrá el mismo volumen que el mamut, y es mucho más fácil de medir.

Materiales

Todos los objetos que nos rodean están compuestos de materiales. Algunos materiales, como la madera, los metales y la cerámica, están hechos de sustancias que se encuentran en la naturaleza. Otros son producidos por reacciones químicas. Se conocen como materiales sintéticos. Los objetos suelen estar compuestos por muchos materiales distintos, cada uno con sus propiedades.

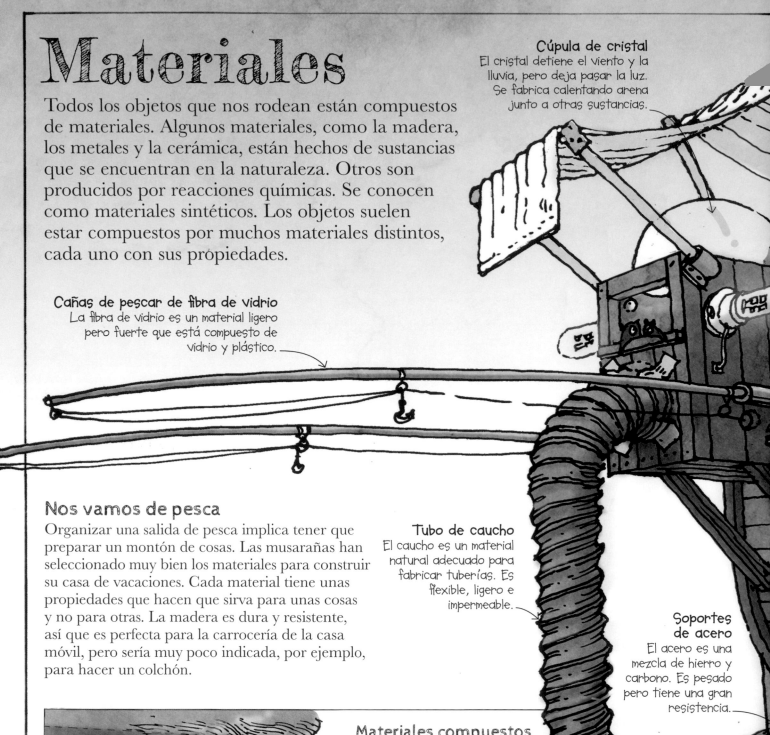

Cúpula de cristal
El cristal detiene el viento y la lluvia, pero deja pasar la luz. Se fabrica calentando arena junto a otras sustancias.

Cañas de pescar de fibra de vidrio
La fibra de vidrio es un material ligero pero fuerte que está compuesto de vidrio y plástico.

Nos vamos de pesca

Organizar una salida de pesca implica tener que preparar un montón de cosas. Las musarañas han seleccionado muy bien los materiales para construir su casa de vacaciones. Cada material tiene unas propiedades que hacen que sirva para unas cosas y no para otras. La madera es dura y resistente, así que es perfecta para la carrocería de la casa móvil, pero sería muy poco indicada, por ejemplo, para hacer un colchón.

Tubo de caucho
El caucho es un material natural adecuado para fabricar tuberías. Es flexible, ligero e impermeable.

Soportes de acero
El acero es una mezcla de hierro y carbono. Es pesado pero tiene una gran resistencia.

Hilos finos
Los hilos de carbono se compactan en una resina plástica.

Materiales compuestos

Si combinamos varios materiales obtenemos un material compuesto que puede sacar partido de las propiedades más útiles de cada uno de ellos. Un ejemplo es la fibra de carbono, que se fabrica entrelazando finos hilos de carbono envueltos con plástico. El compuesto de fibra de carbono es fuerte y ligero, y resiste bien al calor. Se utiliza para el fuselaje de los aviones y la carrocería de los coches de carreras.

Toldo de tela
Esta tela, ligera y suave, proporciona sombra sin bloquear del todo la luz.

Estructura de aluminio
El aluminio es un metal ligero y fácil de moldear, así que es adecuado para una estructura liviana. Puede mezclarse con otros metales para que sea más fuerte.

Revestimiento de plástico
Es ligero, duradero e impermeable. El plástico es un material sintético que puede moldearse y adoptar muchas formas.

Barril de madera
La madera es un material natural. Es fácil de conseguir y se usa mucho en la construcción porque es resistente y dura.

Cuerda
La cuerda se fabrica trenzando fibras sintéticas o naturales para obtener un cordón del que se puede tirar con fuerza sin que se rompa.

Neumáticos vulcanizados
El caucho se vulcaniza (se trata químicamente) para endurecerlo.

Mezcla arenosa
Esta mezcla combina agua salada, arena y trozos de roca.

Los trozos más grandes se quedan en el colador

Sólidos separados
Para separar las partículas sólidas del líquido podemos tamizar, decantar o filtrar. La decantación consiste en dejar que los sólidos se asienten en el fondo para poder verter el líquido.

Magnetismo
Con un imán puedes retirar las partículas de hierro de la arena.

Al decantar la mezcla, la arena se posa en el fondo

Papel de filtro
Sus diminutos agujeros permiten que pase el líquido, pero no las partículas sólidas.

Solución salina
El líquido filtrado es una mezcla de agua y sal.

Separar mezclas

Una mezcla es la combinación de dos o más sustancias. Las mezclas pueden ser líquidas, sólidas, gaseosas o una combinación de estas. El aire que respiramos es una mezcla de distintos gases, mientras que la arena de la playa es una mezcla de distintos sólidos. Lo principal de las mezclas es que no son combinaciones químicas, pues las partículas de las sustancias no se unen mediante vínculos químicos. Pueden volver a separarse fácilmente si se sabe cómo hacerlo.

Tipos de mezcla

El agua salada es una solución: una mezcla en la que una sustancia (sal) está disuelta en otra (agua). La sal está mezclada con el agua de manera tan homogénea que no quedan partículas visibles: la sal parece haber desaparecido en el agua. Las mezclas con partículas visibles, como el agua arenosa, se llaman suspensiones. Las que parecen homogéneas a simple vista pero contienen partículas diminutas se llaman coloides.

Solución
El rayo de luz pasa a través de la solución de agua y sal porque no hay ninguna partícula que refleje la luz.

Coloide
La leche contiene gotitas de grasa que atrapan la luz. Si la alumbras con una linterna, el haz de luz será bien visible.

Vapor de agua

Enfriamiento
Mientras pasa por la unidad de condensación, el vapor de agua se enfría y vuelve a hacerse líquido.

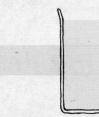

Destilación
Para separar sustancias disueltas en un líquido, puedes calentar el líquido hasta que hierva para que se evapore y queden solo las sustancias. Para recoger el líquido, debes capturar el vapor y condensarlo. Eso se llama destilación.

Agua pura
El agua recogida al final es pura: no está mezclada con ninguna otra sustancia.

Burbujas y más burbujas
Cuando el agua hierve y se evapora, solo queda la sal.

De mezcla mugrienta a rico té
El mamut utiliza agua salada, recogida directamente del mar, para preparar una taza de té. Cuela, decanta, filtra y destila la mezcla arenosa original para separar el agua pura del resto de las sustancias y poder preparar una deliciosa infusión.

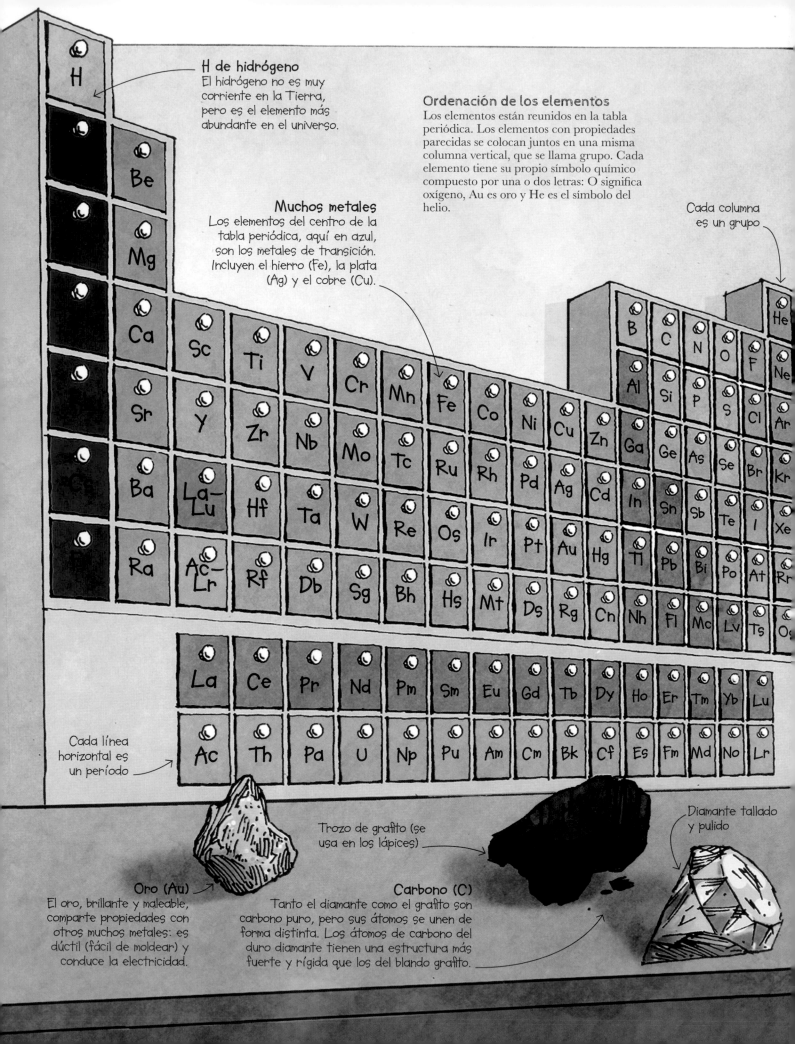

H de hidrógeno
El hidrógeno no es muy corriente en la Tierra, pero es el elemento más abundante en el universo.

Ordenación de los elementos
Los elementos están reunidos en la tabla periódica. Los elementos con propiedades parecidas se colocan juntos en una misma columna vertical, que se llama grupo. Cada elemento tiene su propio símbolo químico compuesto por una o dos letras: O significa oxígeno, Au es oro y He es el símbolo del helio.

Cada columna es un grupo

Muchos metales
Los elementos del centro de la tabla periódica, aquí en azul, son los metales de transición. Incluyen el hierro (Fe), la plata (Ag) y el cobre (Cu).

Cada línea horizontal es un período

Trozo de grafito (se usa en los lápices)

Diamante tallado y pulido

Oro (Au)
El oro, brillante y maleable, comparte propiedades con otros muchos metales: es dúctil (fácil de moldear) y conduce la electricidad.

Carbono (C)
Tanto el diamante como el grafito son carbono puro, pero sus átomos se unen de forma distinta. Los átomos de carbono del duro diamante tienen una estructura más fuerte y rígida que los del blando grafito.

Elementos

Todas las cosas del universo están hechas de materia. Si pudieras descomponer la materia en sus sustancias más simples, lo que te quedaría serían los elementos. Son los componentes básicos de todo lo que hay en el mundo, desde las montañas hasta los mamuts. La mayoría de los elementos, como el oxígeno y el carbono, están presentes en la naturaleza, pero otros los han creado los científicos en laboratorios.

Análisis de los elementos

Cada elemento está compuesto por un único tipo de átomo (ver páginas 20-21), lo que da a cada uno sus propiedades características. La mayoría de los elementos son sólidos a temperatura ambiente, y muchos de ellos son metales, como el hierro y el oro. Entre los sólidos no metales están el carbono y el azufre. Algunos de los elementos son gases a temperatura ambiente, como el oxígeno, el helio y el hidrógeno.

¿De qué se compone un mamut?

Como el resto de los animales, está compuesto básicamente de oxígeno, carbono e hidrógeno. Estos tres elementos son los ingredientes principales de todos los organismos vivos.

Cloro (Cl)

Este gas verde pálido es muy reactivo (se une rápidamente a otros elementos) y resulta extremadamente tóxico.

Mercurio (Hg)

Este insólito metal es líquido a temperatura ambiente. Es muy bonito, pero desprende unos vapores muy tóxicos.

Átomos

Los átomos son los elementos básicos que forman la materia. Todas las cosas que conoces están formadas por átomos: las estrellas, los libros, los mamuts, incluso tu propio cuerpo. Los átomos son tan diminutos que dentro de un punto caben siete billones de ellos. Los átomos están formados a su vez por tres tipos de partículas todavía más pequeñas: los protones, los neutrones y los electrones.

En construcción

La maqueta que está construyendo el mamut nos muestra la estructura de un átomo. El núcleo central está formado por protones y neutrones, mientras que los inquietos electrones se mueven por la parte de fuera, en una zona llamada corteza. La atracción entre los protones, cargados positivamente, y los electrones, de carga negativa, es lo que mantiene el átomo unido.

Los protones tienen carga positiva.

Electrones
Estas partículas de carga negativa son diminutas: casi 2000 veces más pequeñas que un protón o un neutrón.

Protones
Los átomos tienen el mismo número de protones que de electrones, así que el conjunto no tiene ninguna carga.

Neutrones
Estas partículas no tienen carga. Son neutras. Ayudan a mantener unidos los protones dentro del núcleo.

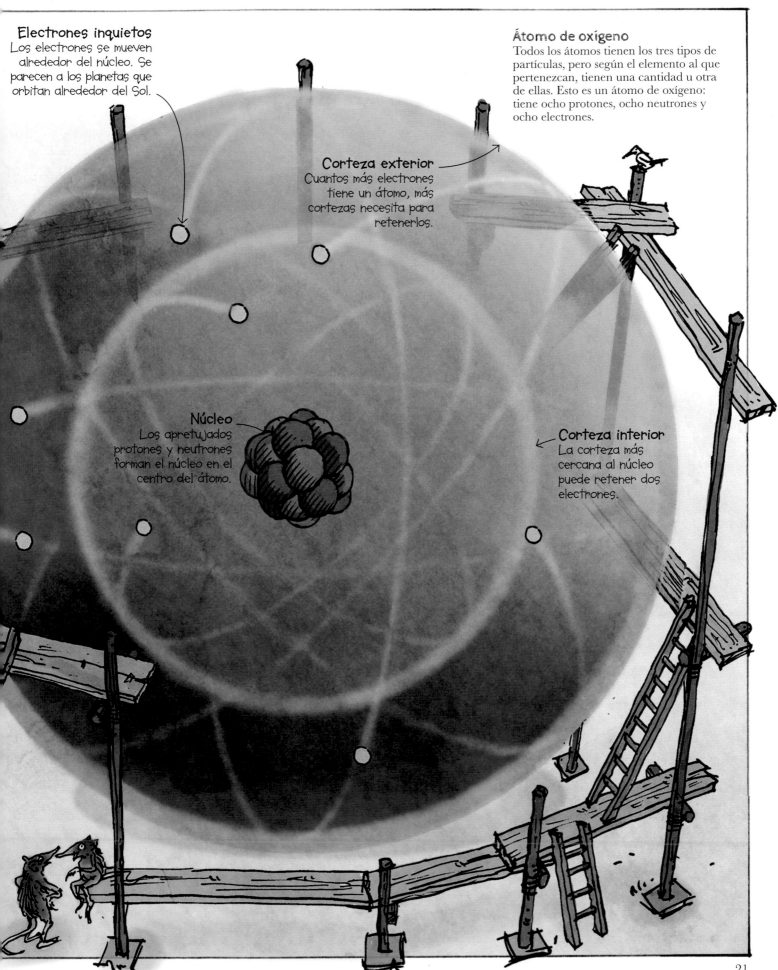

Electrones inquietos
Los electrones se mueven alrededor del núcleo. Se parecen a los planetas que orbitan alrededor del Sol.

Átomo de oxígeno
Todos los átomos tienen los tres tipos de partículas, pero según el elemento al que pertenezcan, tienen una cantidad u otra de ellas. Esto es un átomo de oxígeno: tiene ocho protones, ocho neutrones y ocho electrones.

Corteza exterior
Cuantos más electrones tiene un átomo, más cortezas necesita para retenerlos.

Núcleo
Los apretujados protones y neutrones forman el núcleo en el centro del átomo.

Corteza interior
La corteza más cercana al núcleo puede retener dos electrones.

Moléculas

Dos o más átomos unidos forman una molécula. Las moléculas pueden ser enormes y contener miles de átomos, o ser simples, y contener solo dos o tres átomos. Algunas tienen un único tipo de átomo: se llaman moléculas elementales. Otras combinan átomos de distintos elementos para formar compuestos. Lo que todas las moléculas tienen en común es que se mantienen unidas gracias a los enlaces químicos.

Construcción terminada

En esta zona de construcciones químicas, dos gases incoloros se han unido para formar uno de los compuestos más importantes del planeta Tierra: el agua. Esencial para la vida tal como la conocemos, y fantástica para aplacar la sed, todo lo que se necesita para hacer una molécula de agua es un átomo de oxígeno y dos de hidrógeno dispuestos a unirse.

Átomo de hidrógeno
Cada átomo de hidrógeno cuenta con un electrón, pero tiene espacio para dos. Al unirse ambos a un átomo de oxígeno se llena la capa exterior de los átomos de hidrógeno.

El núcleo del hidrógeno está compuesto por un solo protón

Funcionamiento de los enlaces químicos

Los átomos de una molécula están unidos porque comparten electrones. Los átomos de cada elemento (ver páginas 18-19) tienen un número determinado de electrones. Los electrones forman capas alrededor del núcleo. Cada capa puede contener un número determinado de electrones. Si la capa exterior no está llena, el átomo puede llenarla compartiendo electrones con otro átomo. Eso crea un enlace químico entre los dos átomos.

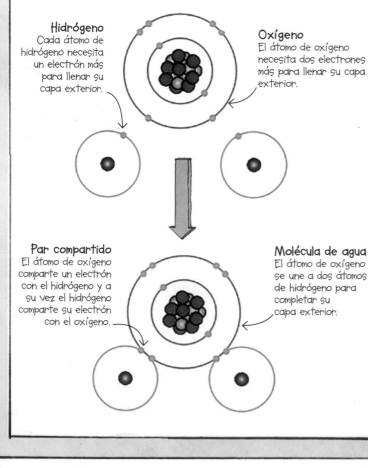

Hidrógeno
Cada átomo de hidrógeno necesita un electrón más para llenar su capa exterior.

Oxígeno
El átomo de oxígeno necesita dos electrones más para llenar su capa exterior.

Par compartido
El átomo de oxígeno comparte un electrón con el hidrógeno y a su vez el hidrógeno comparte su electrón con el oxígeno.

Molécula de agua
El átomo de oxígeno se une a dos átomos de hidrógeno para completar su capa exterior.

Átomo de oxígeno
El átomo de oxígeno cuenta con seis electrones en la capa exterior, pero tiene espacio para ocho. Uniéndose con dos átomos de hidrógeno completa su capa exterior.

Unidos
Compartiendo electrones completan la capa exterior de cada átomo y forman un enlace químico que hace que los átomos se mantengan unidos.

Obtener una reacción

En el laboratorio, el mamut prepara una reacción entre dos sustancias químicas iniciales, o reactivos. Los reactivos pueden ser elementos formados por un único tipo de átomo o compuestos que contienen más de un tipo de átomo. Cuando los enlaces que los mantienen unidos empiezan a romperse, se está produciendo una reacción química.

Líquido verde
Uno de los reactivos es un líquido verde.

Polvo rojo
El segundo reactivo es un polvo rojo.

1. Mezclar

El mamut vierte con cuidado el líquido verde sobre el polvo rojo y luego se aleja. A menudo hace falta aplicar calor para que se produzca una reacción, pero a veces basta con mezclar los reactivos.

Reacciones químicas

Cuando un sólido se funde y pasa a ser un líquido, su aspecto puede ser muy distinto. Pero la fusión es un cambio físico. La sustancia en sí no ha cambiado, solo lo ha hecho su estado físico. A veces, cuando reúnes dos sustancias, puede producirse un tipo de cambio distinto. Los átomos y las moléculas de las sustancias se reorganizan y se recombinan formando un producto final completamente distinto. Esto se llama reacción química.

Reacciones alrededor nuestro

Las reacciones químicas no se producen solo en los laboratorios científicos, sino que tienen lugar continuamente a nuestro alrededor. Al hornear una tarta, por ejemplo, las reacciones químicas transforman los ingredientes crudos de la masa en una sustancia nueva (y deliciosa): una tarta. Cuando te la comes, las reacciones químicas de tu estómago te ayudan a digerirla.

Mezcla cruda

Tarta de chocolate

Ingredientes

Volutas de gas
La reacción también ha producido un gas. En una reacción química no se crea ni se destruye ningún átomo. Todos los átomos presentes en los reactivos estarán en los productos finales.

Calor y luz
Son indicios de que está teniendo lugar una reacción química.

2. ¡Fiu, clonc, pum!
En cuanto se mezclan, las dos sustancias empiezan a reaccionar entre sí. Los enlaces químicos entre sus átomos y moléculas se rompen y se modifican.

Nueva sustancia
Uno de los productos es un polvo amarillo.

3. Producto final
La sustancia producida por una reacción química se llama producto. El producto puede ser muy distinto a los reactivos originales.

ojos. Las explosiones son reacciones muy rápidas que desprenden una gran cantidad de calor, luz y sonido. Liberan gases tan rápidamente que pueden hacer estallar las cosas. Los fuegos artificiales usan explosiones controladas y reacciones químicas de vivos colores para crear un impresionante espectáculo de luz en el cielo nocturno.

Cohete rápido
La pólvora propulsa el cohete hacia el cielo instantáneamente.

Espectáculo impresionante
Las «estrellas» de dentro del cohete producen los distintos colores. Son metales que arden con luces de distintos tonos.

1. Mecha externa
La mecha externa arde lentamente, para que quien la prende tenga tiempo de alejarse.

2. Mecha lateral rápida
La larga mecha lateral arde muy deprisa, prende la pólvora y lanza el cohete.

«Estrellas» de distintos colores

Pólvora

Tubo de lanzamiento

3. Mecha central lenta
La mecha central prende lentamente, y no enciende la pólvora y las estrellas hasta que está en el cielo.

Reacciones pirotécnicas

Cuando estalla un fuego artificial (o pirotecnia), se produce una serie de reacciones rápidas. La mecha de combustión prende el depósito de pólvora, que explota y manda el cohete al cielo. Una vez en el aire, otra explosión prende las «estrellas», piezas de metal que arden y que desprenden chispas de colores.

Reacciones lentas

La oxidación es un ejemplo de reacción lenta. Si dejas en el exterior una bicicleta metálica, con el tiempo mostrará signos de óxido. Esto ocurre porque el hierro del cuadro metálico de la bicicleta reacciona con el agua y el oxígeno del aire y forma óxido de hierro, anaranjado. Esto corroe el metal, que puede llegar a deshacerse por completo.

Combustión

La llama de una hoguera da luz y calor, el suficiente como para tostar un par de tostadas. Cuando un fuego arde, se produce una reacción química llamada combustión, que libera energía y produce agua, dióxido de carbono y a veces también otras sustancias químicas. Es una de las reacciones más útiles para los seres humanos, pero es fácil que se descontrole. Menos mal que los mamuts guardianes del fuego estaban alerta.

Manta antiincendios
Al sofocar las llamas con una manta impedimos que el oxígeno llegue al fuego.

Oxígeno
El fuego necesita oxígeno para arder. El 20 por ciento del aire que nos rodea es oxígeno, más que suficiente para mantener el fuego crepitando. También hay oxígeno en nuestro aliento, así que si soplas suavemente entre las ascuas, estas adquieren una tonalidad naranja intensa y el fuego se aviva.

El triángulo del fuego

El fuego necesita tres cosas para seguir ardiendo: oxígeno, combustible y calor. Se conoce como el triángulo del fuego. Podemos usar esa información para encender un fuego crepitante, pero también para apagarlo: si eliminamos cualquiera de los lados del triángulo, el fuego se extinguirá.

Oxígeno esencial

Si hay mucho oxígeno disponible, las sustancias producidas por la combustión son agua y dióxido de carbono, un gas inofensivo. Pero si no hay oxígeno suficiente, puede darse una combustión incompleta. Parte del combustible se transforma en hollín y en un gas peligroso: el monóxido de carbono. El color de la llama puede indicar si está teniendo lugar una combustión completa o incompleta.

Mechero Bunsen
La llama azul de un mechero Bunsen es un ejemplo de combustión completa.

Llama con hollín
La llama amarilla indica la combustión incompleta.

Rociar con agua
El agua elimina el calor y hace que se apague el fuego.

OXÍGENO

CALOR

COMBUSTIBLE

Calor
Por suerte, el combustible y el oxígeno por sí solos no bastan para provocar un fuego. Si fuera así, los árboles arderían todos los días. Para poner en marcha la reacción, hace falta calor, pero una vez encendido, el fuego produce su propio calor.

Combustible
El material que arde se llama combustible. Son muchas las cosas que pueden usarse como combustible, entre ellas la madera, el papel y la cera. Algunos combustibles arden mucho más fácilmente que otros: un trozo de madera arde despacio, pero la gasolina prende en un santiamén.

Eliminar el combustible
Si no hay combustible para que la reacción siga, el fuego chisporrotea y se extingue.

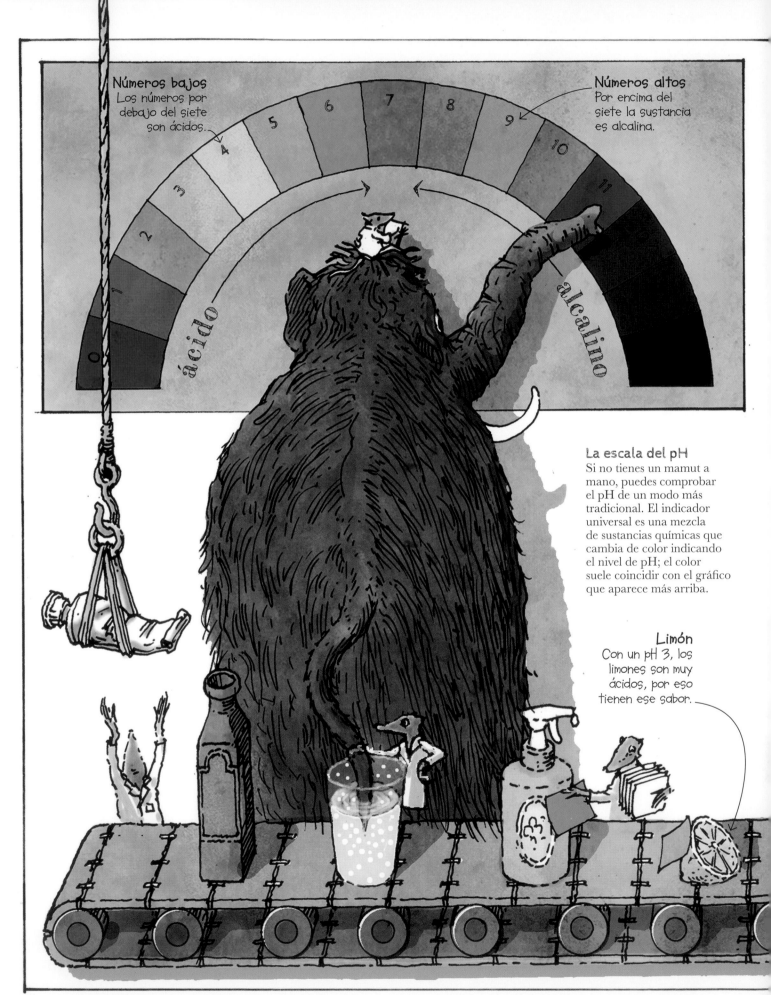

Números bajos
Los números por debajo del siete son ácidos.

Números altos
Por encima del siete la sustancia es alcalina.

0 1 2 3 4 5 6 7 8 9 10 11

ácido

alcalino

La escala del pH
Si no tienes un mamut a mano, puedes comprobar el pH de un modo más tradicional. El indicador universal es una mezcla de sustancias químicas que cambia de color indicando el nivel de pH; el color suele coincidir con el gráfico que aparece más arriba.

Limón
Con un pH 3, los limones son muy ácidos, por eso tienen ese sabor.

La escala del pH

La acidez es una propiedad importante de las sustancias. Los ácidos débiles, presentes en muchos alimentos, saben ácidos; los ácidos fuertes pueden corroer los metales o dañar la piel. Lo opuesto a un ácido es una base. Las bases que pueden disolverse en agua se llaman álcalis. Su sabor es amargo y pueden usarse como productos de limpieza porque eliminan la grasa y el aceite. Los álcalis fuertes pueden ser tan peligrosos como los ácidos fuertes.

¿Ácido o alcalino?

Se está comprobando si los productos de la cinta transportadora son ácidos o álcalis. Los científicos utilizan la escala del pH para medirlo. Esta escala va del 0 al 14: los números bajos son ácidos; los altos, álcalis, y el 7, neutro. Si mezclas un ácido con un álcali, se compensan entre sí y se vuelven neutros.

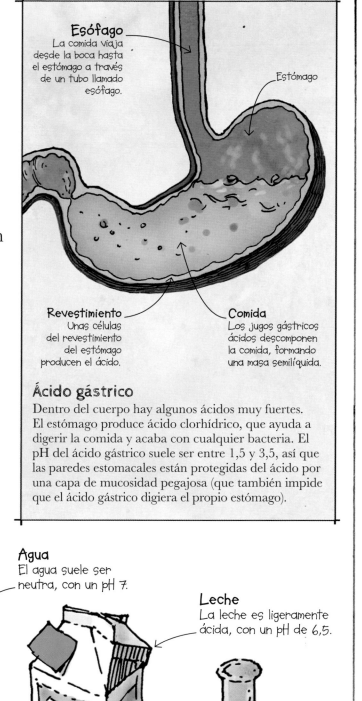

Esófago
La comida viaja desde la boca hasta el estómago a través de un tubo llamado esófago.

Estómago

Revestimiento
Unas células del revestimiento del estómago producen el ácido.

Comida
Los jugos gástricos ácidos descomponen la comida, formando una masa semilíquida.

Ácido gástrico

Dentro del cuerpo hay algunos ácidos muy fuertes. El estómago produce ácido clorhídrico, que ayuda a digerir la comida y acaba con cualquier bacteria. El pH del ácido gástrico suele ser entre 1,5 y 3,5, así que las paredes estomacales están protegidas del ácido por una capa de mucosidad pegajosa (que también impide que el ácido gástrico digiera el propio estómago).

Detergente en polvo
El detergente en polvo es una base: una sustancia sólida que forma un álcali cuando se disuelve en agua.

Agua
El agua suele ser neutra, con un pH 7.

Leche
La leche es ligeramente ácida, con un pH de 6,5.

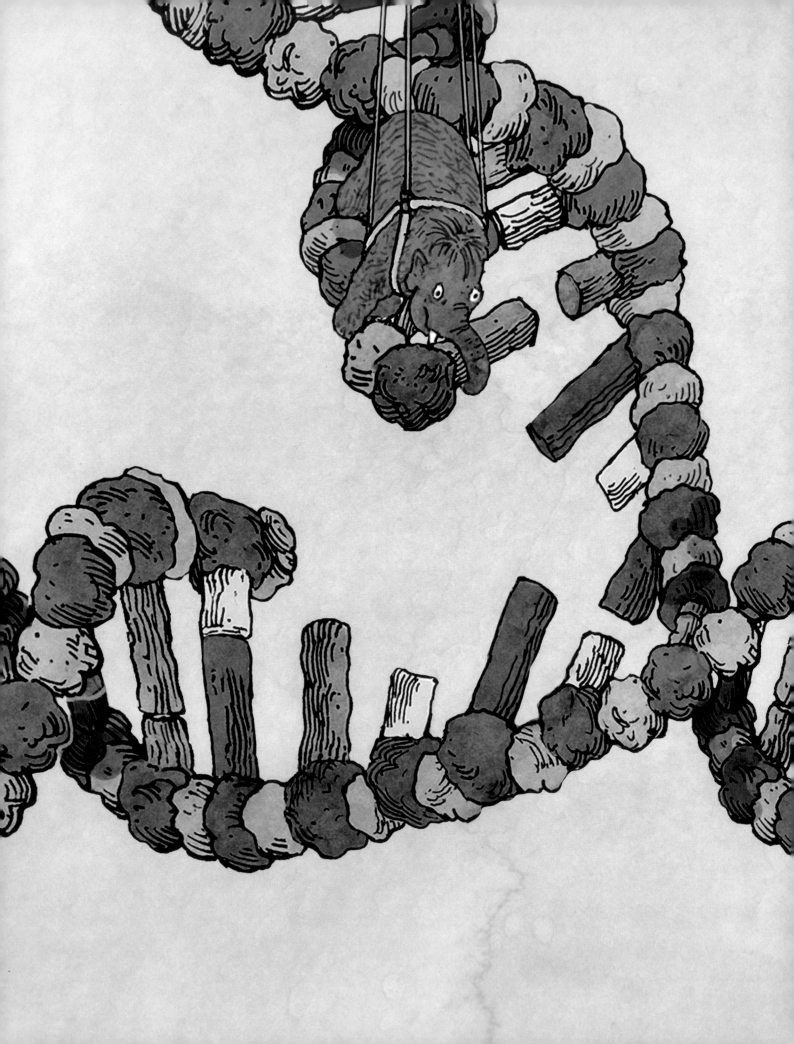

Vida

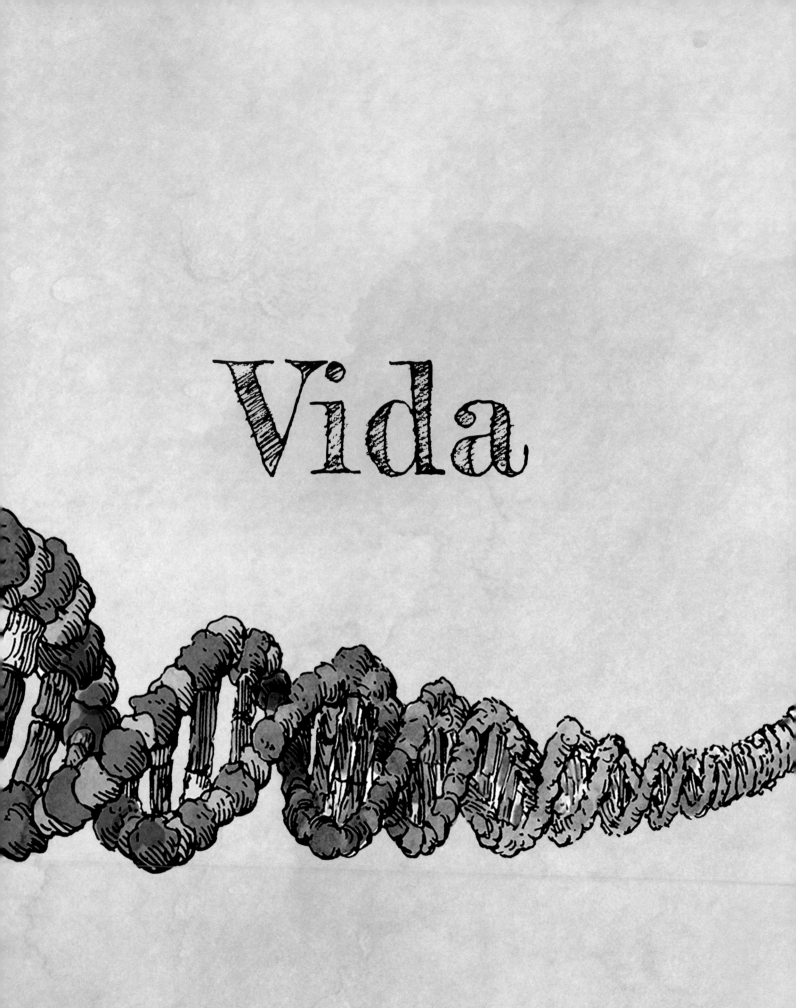

Reinos de la vida

Los científicos han descubierto hasta hoy dos millones de especies diferentes de organismos vivos, desde bacterias diminutas hasta ballenas y árboles gigantes. Todas estas formas de vida se clasifican en siete grupos llamados reinos.

Animales

Este reino incluye mamíferos, reptiles, sapos y ranas, aves, peces, insectos, arañas y gusanos. Los animales comen otros organismos y tienen músculos y nervios que les ayudan a moverse y a responder.

Plantas

Existen más de 390 000 tipos distintos de plantas, desde hierbas diminutas hasta árboles gigantescos. La mayoría tienen hojas y muchas tienen flores o piñas. Utilizan la luz del Sol para fabricar su propio alimento.

Hongos

No son ni plantas ni animales e incluyen todo tipo de setas. La mayoría crecen en sitios húmedos, como el suelo de los bosques o la madera podrida.

Algas

Suelen estar en el agua y entre ellas encontramos las algas marinas. Muchas se parecen a las plantas y, como estas, producen su propia comida utilizando la luz del Sol.

Protozoos

Estos diminutos organismos unicelulares viven en el agua, la tierra húmeda o incluso dentro de las plantas y los animales. Algunos usan unos filamentos que parecen pelos para «nadar» de un lado a otro.

Bacterias

Pueden adoptar distintas formas, pero todas tienen una única célula sin núcleo. Pueden vivir prácticamente en casi cualquier sitio. Probablemente tienes unos 100 trillones de ellas en tu cuerpo.

Arqueas

Se parecen a las bacterias, pues tienen una sola célula sin núcleo. Muchas de ellas pueden vivir en lugares mucho más calurosos, fríos, salados o con menos aire que otras formas de vida.

La vida

La vida en la Tierra se presenta en todo tipo de formas y tamaños: desde las plantas y las setas hasta las algas, pasando por ti leyendo este libro. Los organismos vivos pueden no tener el mismo aspecto, pero comparten algunas características específicas que los diferencian de los objetos inertes.

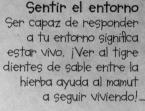

Sentir el entorno

Ser capaz de responder a tu entorno significa estar vivo. ¡Ver al tigre dientes de sable entre la hierba ayuda al mamut a seguir viviendo!

Características vitales

Estos mamuts tienen las siete características que comparten todos los organismos vivos. Crecen y cambian, se desplazan, eliminan sustancias de desecho y pueden reproducirse. Pueden sentir y reaccionan a lo que les rodea. Obtienen nutrientes de los alimentos y los usan para liberar energía dentro de sus células en un proceso llamado respiración.

Respirar
Los animales respiran para llevar oxígeno a sus células.

Lograr comida
Se necesitan nutrientes para el crecimiento de las células y para obtener energía.

Moverse
Es difícil perder de vista a un mamut, pero otros seres vivos se mueven de modo más sutil. Las plantas pueden girarse hacia la luz.

Eliminar desechos
Los organismos vivos eliminan lo que les sobra.

Crecer y cambiar
Los organismos compuestos de células vivas se desarrollan y crecen, aunque no todos alcanzan el tamaño extragrande.

Igual que papá
La reproducción garantiza que la vida continúe.

Bacterias

Las bacterias son los organismos vivos más pequeños de la Tierra. Pueden multiplicarse muy rápidamente y existen tantos billones de ellos que resulta imposible contabilizarlos. Están prácticamente en todas partes: el suelo, el agua y el aire que te rodea, dentro de tu cuerpo y también en su superficie. Cada bacteria está compuesta por una sola célula, que tiene una estructura muy simple.

Cápsula
El revestimiento protector exterior se llama cápsula.

Pilus
En la superficie de la célula hay un montón de pelitos, o pili, que le ayudan a adherirse a las cosas.

Membrana celular
Esta fina capa interna separa el interior de la bacteria de la pared celular externa. Controla qué sustancias entran y salen.

Vista del interior

Las bacterias solo pueden verse con un microscopio potente, pero esta imagen ampliada muestra cómo sería si tuviera el tamaño de un mamut. A diferencia de las células animales o vegetales, las bacterias no tienen núcleo, de modo que su ADN –la sustancia que contiene la información genética de la célula, ver páginas 74-75– se mueve libremente por su interior.

Pared celular
Fuera de la membrana está la pared celular, que le dará soporte, resistencia y rigidez.

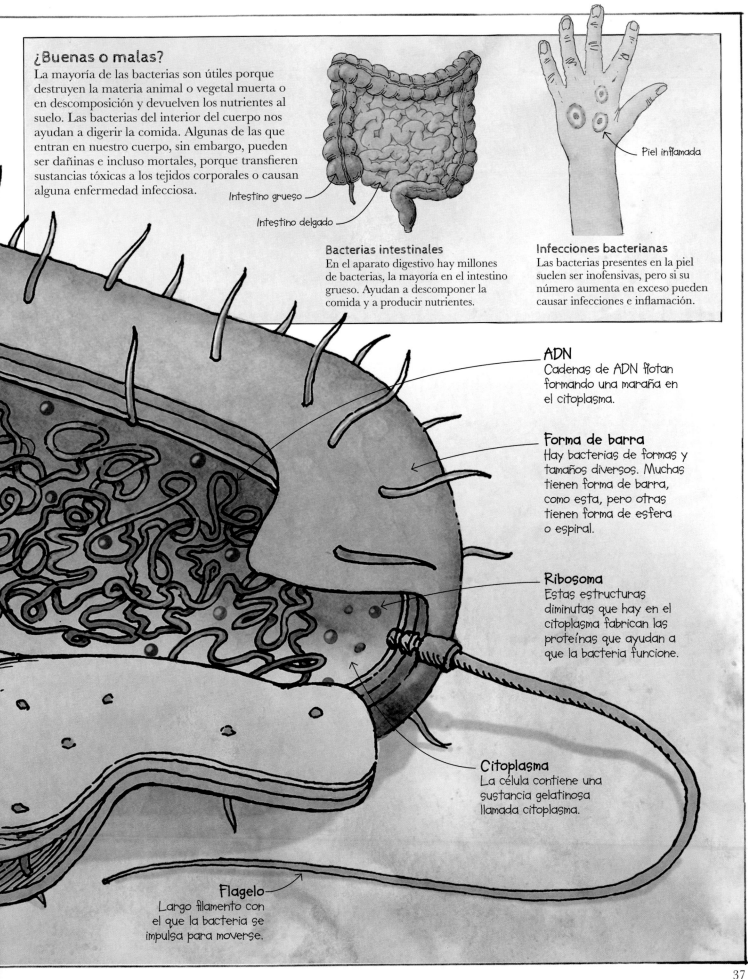

¿Buenas o malas?

La mayoría de las bacterias son útiles porque destruyen la materia animal o vegetal muerta o en descomposición y devuelven los nutrientes al suelo. Las bacterias del interior del cuerpo nos ayudan a digerir la comida. Algunas de las que entran en nuestro cuerpo, sin embargo, pueden ser dañinas e incluso mortales, porque transfieren sustancias tóxicas a los tejidos corporales o causan alguna enfermedad infecciosa.

Intestino grueso

Intestino delgado

Piel inflamada

Bacterias intestinales
En el aparato digestivo hay millones de bacterias, la mayoría en el intestino grueso. Ayudan a descomponer la comida y a producir nutrientes.

Infecciones bacterianas
Las bacterias presentes en la piel suelen ser inofensivas, pero si su número aumenta en exceso pueden causar infecciones e inflamación.

ADN
Cadenas de ADN flotan formando una maraña en el citoplasma.

Forma de barra
Hay bacterias de formas y tamaños diversos. Muchas tienen forma de barra, como esta, pero otras tienen forma de esfera o espiral.

Ribosoma
Estas estructuras diminutas que hay en el citoplasma fabrican las proteínas que ayudan a que la bacteria funcione.

Citoplasma
La célula contiene una sustancia gelatinosa llamada citoplasma.

Flagelo
Largo filamento con el que la bacteria se impulsa para moverse.

Células

Todos los organismos vivos están formados por unas piezas diminutas llamadas células, tan pequeñas que solo pueden verse con un microscopio. Algunos, como las bacterias, solo tienen una célula. Otros, como las plantas o los enormes mamuts, tienen billones y billones de células.

Célula animal

Cada célula de la trompa de un mamut es un organismo diminuto. El núcleo es el centro de control de la célula y contiene todas las instrucciones para su funcionamiento. La mitocondria alimenta la célula liberando energía. Las células están rodeadas por una fina membrana grasa y están llenas de un líquido gelatinoso llamado citoplasma.

Membrana celular
Forma una barrera protectora alrededor de la célula.

Núcleo
El núcleo controla todas las funciones de la célula.

Mitocondria
Cientos de estas diminutas estructuras alimentan la célula.

Células animales

Citoplasma
La célula está llena de una gelatina transparente.

Vacuola
Las células vegetales tienen una gran vacuola que almacena el alimento, el agua y los desechos, y está llena de líquido, lo que le confiere consistencia a la célula.

Núcleo

Mitocondria

Cloroplasto
Atrapa energía del Sol y la usa para fabricar alimento.

Membrana celular

Células vegetales

Pared celular
En el exterior de la membrana celular hay una dura pared externa.

Célula vegetal

La vegetación que comen los mamuts se compone de células vegetales. Se parecen mucho a las animales, pero tienen algunas características más. Una dura pared celular se encarga de darles forma rígida. Un saco lleno de líquido, la vacuola, almacena el agua y la ayuda a conservar su forma. Unas estructuras diminutas llamadas cloroplastos obtienen energía del Sol y la usan para fabricar alimento mediante un proceso llamado fotosíntesis.

Tipos de células

Aunque se componen de los mismos elementos, los billones de células de los organismos vivos no son todas iguales. Las células tienen distintas formas y tamaños, y características especiales que les permiten desempeñar tareas específicas. El cuerpo humano cuenta con más de 200 tipos distintos de células, cada uno con su propia función específica.

Un desfile de células

¡En marcha! Este insólito desfile nos muestra solo algunas de las células presentes en el cuerpo humano. Las hay de muchas formas y tamaños, pero no están representadas a escala. En realidad, el óvulo es unas 10 veces más grande que el resto de las células del desfile y los axones de las células nerviosas pueden llegar a medir hasta 1 metro de longitud.

Célula epitelial
Dispuestas en láminas como una barrera protectora. La piel se compone de células epiteliales.

Algunas células epiteliales tienen una superficie parecida a un cepillo que absorbe fluidos y nutrientes

Óvulo
La célula sexual femenina es la más grande del cuerpo humano. Si la fertiliza un espermatozoide, se transformará en un bebé.

Espermatozoide
La célula sexual masculina es la más pequeña del cuerpo humano. Tiene una larga cola que le ayuda a desplazarse hasta el óvulo.

Glóbulo rojo
Los glóbulos rojos tienen forma de disco y transportan el oxígeno por el cuerpo.

Glóbulo blanco
Esta célula circular se desplaza por el torrente sanguíneo matando gérmenes.

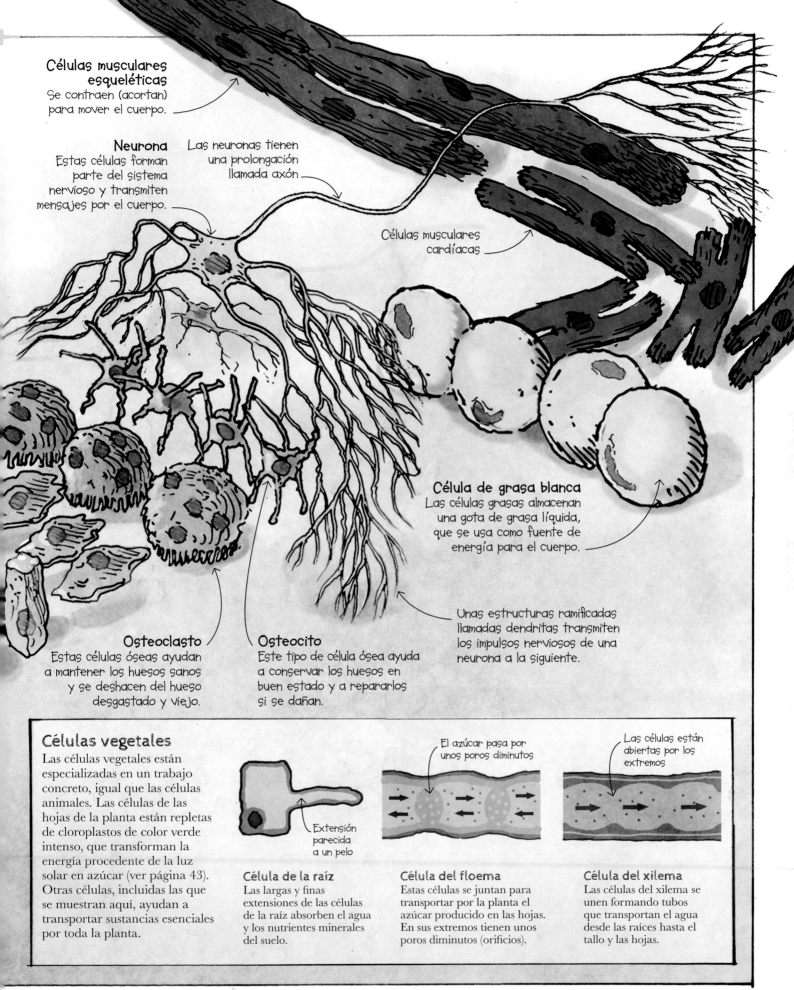

Células musculares esqueléticas
Se contraen (acortan) para mover el cuerpo.

Neurona
Estas células forman parte del sistema nervioso y transmiten mensajes por el cuerpo.

Las neuronas tienen una prolongación llamada axón

Células musculares cardíacas

Célula de grasa blanca
Las células grasas almacenan una gota de grasa líquida, que se usa como fuente de energía para el cuerpo.

Unas estructuras ramificadas llamadas dendritas transmiten los impulsos nerviosos de una neurona a la siguiente.

Osteoclasto
Estas células óseas ayudan a mantener los huesos sanos y se deshacen del hueso desgastado y viejo.

Osteocito
Este tipo de célula ósea ayuda a conservar los huesos en buen estado y a repararlos si se dañan.

Células vegetales

Las células vegetales están especializadas en un trabajo concreto, igual que las células animales. Las células de las hojas de la planta están repletas de cloroplastos de color verde intenso, que transforman la energía procedente de la luz solar en azúcar (ver página 43). Otras células, incluidas las que se muestran aquí, ayudan a transportar sustancias esenciales por toda la planta.

Extensión parecida a un pelo

El azúcar pasa por unos poros diminutos

Las células están abiertas por los extremos

Célula de la raíz
Las largas y finas extensiones de las células de la raíz absorben el agua y los nutrientes minerales del suelo.

Célula del floema
Estas células se juntan para transportar por la planta el azúcar producido en las hojas. En sus extremos tienen unos poros diminutos (orificios).

Célula del xilema
Las células del xilema se unen formando tubos que transportan el agua desde las raíces hasta el tallo y las hojas.

Plantas

Las plantas, desde árboles imponentes a musgos minúsculos, cubren una tercera parte de la superficie terrestre. Son organismos vivos, como los animales, y necesitan alimento para crecer. Pero a diferencia de los mamuts y las musarañas elefantes, las plantas fabrican su propio alimento a partir de ingredientes que obtienen de su entorno. El oxígeno que liberan durante el proceso es vital para la vida en la Tierra.

Luz
Los rayos del Sol alcanzan las anchas hojas.

Hojas
Las hojas anchas y planas funcionan como paneles solares que absorben la luz solar. También obtienen dióxido de carbono del aire a través de unos orificios diminutos llamados estomas.

Azúcar
El azúcar fabricado en las hojas se transporta a las distintas partes de la planta, desde las raíces hasta las ramas más altas, pasando por el tallo.

Crecimiento

Para producir alimento, las plantas necesitan la luz del Sol, aire fresco y agua. Los combina en un proceso llamado fotosíntesis con el que fabrica los azúcares simples que necesita para sobrevivir. La fotosíntesis tiene lugar en las hojas, pero todas las partes de la planta desempeñan un papel. Las raíces absorben el agua y los minerales, el tallo proporciona un soporte firme y transporta los fluidos vitales por toda la planta.

Raíces
Las raíces ramificadas, que fijan la planta en un lugar, absorben el agua y los minerales vitales de la tierra. Se extienden bajo tierra y están recubiertas de unos pelos diminutos que absorben toda el agua que pueden.

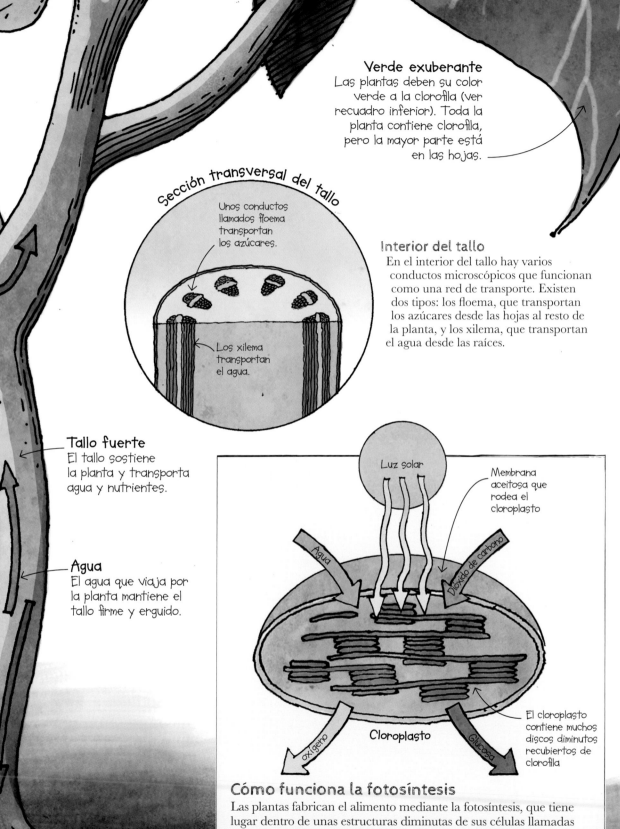

Verde exuberante
Las plantas deben su color verde a la clorofila (ver recuadro inferior). Toda la planta contiene clorofila, pero la mayor parte está en las hojas.

Sección transversal del tallo
Unos conductos llamados floema transportan los azúcares.

Los xilema transportan el agua.

Interior del tallo
En el interior del tallo hay varios conductos microscópicos que funcionan como una red de transporte. Existen dos tipos: los floema, que transportan los azúcares desde las hojas al resto de la planta, y los xilema, que transportan el agua desde las raíces.

Tallo fuerte
El tallo sostiene la planta y transporta agua y nutrientes.

Agua
El agua que viaja por la planta mantiene el tallo firme y erguido.

Luz solar

Membrana aceitosa que rodea el cloroplasto

Agua

Dióxido de carbono

Oxígeno

Glucosa

El cloroplasto contiene muchos discos diminutos recubiertos de clorofila

Cloroplasto

Cómo funciona la fotosíntesis
Las plantas fabrican el alimento mediante la fotosíntesis, que tiene lugar dentro de unas estructuras diminutas de sus células llamadas cloroplastos. Estos están repletos de clorofila, un pigmento que capta la energía de la luz solar. Dicha energía provoca una reacción química que transforma el agua y el dióxido de carbono en glucosa (un azúcar simple) y oxígeno.

Tubo polínico
El polen hace crecer
un largo tubo que
se extiende hacia
el ovario.

Estigma

Dentro de una flor

El pelo de esta musaraña elefante está lleno
de polen de otras flores que ha visitado.
Cuando se roza con la nueva flor, el polen
se pega a una almohadilla llamada estigma.
El polen hace crecer un tubo hasta el ovario,
donde se almacenan los óvulos femeninos,
y los fertiliza, produciendo las semillas que
originarán nuevas plantas.

Recogida de polen
Al rozar la antera, la
musaraña elefante recoge
más polen que llevará
hasta la siguiente flor.

Pétalo
Los pétalos de vivos
colores atraen a
insectos, pájaros y
pequeños mamíferos.

Flores

Los colores vivos y el néctar perfumado de las flores atraen
a muchos visitantes del reino animal, desde la musaraña
elefante que no para de olisquear hasta las hambrientas
abejas. Pero su función no es solo impresionar, sino que
contienen los órganos reproductores de la planta. Cuando
los pequeños mamíferos, aves o insectos se acercan para
tomar su dulce néctar, se llevan granos microscópicos de
polen que contienen las células sexuales masculinas de la
planta, y las diseminan de flor en flor.

Antera
El polen se produce en la parte masculina de la flor, en unos saquitos llamados anteras.

Clases de frutos

Cuando la flor es fertilizada, el ovario se hincha hasta convertirse en fruto. El fruto contiene las semillas que originarán nuevas plantas.

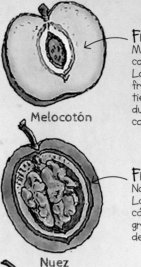

Melocotón

Fruto carnoso
Muchos frutos tienen la carne blanda y sabrosa. Los melocotones son frutos carnosos que tienen una única semilla dura que se conoce como hueso.

Nuez

Fruto seco
No todos son carnosos. Las nueces tienen una cáscara dura con una gran semilla comestible dentro.

Vainas
Algunas cosas que nos parecen verduras, en realidad son frutos. Las vainas de guisante son un tipo de fruto seco: los guisantes que hay dentro son semillas.

Guisantes

Fertilización
El tubo polínico ha alcanzado el óvulo. Las células sexuales masculinas viajan por él y fertilizan los óvulos.

Óvulo
Cada óvulo contiene una célula femenina. Cuando la flor es fertilizada, los óvulos se endurecen hasta formar una semilla.

Ovario
Es la parte femenina de la flor, donde se almacenan las células sexuales femeninas u óvulos.

De viaje

Algunas semillas son tan ligeras que son arrastradas por el viento y otras tan duras que flotan en el agua. Otras son llevadas por los animales. Muchas tienen vainas que se revientan y arrojan su contenido lejos de la planta madre.

Coco

Navegando

Algunas semillas grandes tienen una capa impermeable y son arrastradas por el agua. Los cocos pueden flotar incluso en el océano.

Semilla de diente de león

Por vía aérea

Las semillas pequeñas y ligeras son arrastradas por la brisa más ligera.

Paseo a lomos

Algunas semillas tienen pelillos espinosos o ganchos que se pegan a la piel del animal.

Big bang

Muchas plantas, como los guisantes, tienen vainas que se abren y lanzan las semillas.

Semillas espinosas de fresa

Semillas

Para que crezcan plantas nuevas las semillas deben estar separadas entre sí. Si están demasiado cerca de la planta madre, tendrán que competir por la comida, el agua y la luz. Las semillas se dispersan de muchas formas distintas. Así, por ejemplo, un animal puede tragárselas y expulsarlas con las heces, sin digerir.

Placeres deliciosos
Los frutos suelen ser de colores vivos para tentar a los animales: así se los comen y esparcen sus semillas.

A través de las heces
Las semillas de los frutos que se comen los animales atraviesan el aparato digestivo y salen sin haber sido digeridas.

Las hojas se abren

Arriba y arriba
Le brotan las primeras hojas de verdad.

Guisante

El tallo se despliega
Brota un tallo que crece hacia arriba.

Emerge la raíz
La raíz crece hacia abajo en el suelo, para lo que rompe la piel de la semilla.

Arraiga
Dentro de la semilla hay un pequeño embrión que puede transformarse en una nueva planta. Consta de una raíz, un tallo y un par de "hojas de la semilla" que proporcionan alimento al embrión. Para que la semilla pueda empezar a crecer, o germinar, necesita un lugar cálido con tierra repleta de nutrientes y mucha luz solar.

Cadena trófica

La vida en la Tierra está interrelacionada y las plantas y los animales se alimentan entre sí. Aquí, un mamut mastica hierba mientras vigila por si ve algún depredador hambriento dispuesto a atacarlo. Es un ejemplo de cadena trófica, o cadena alimentaria. La hierba es una fuente de alimento que está en la base de la cadena, mientras que el tigre diente de sable está en lo alto de la misma y no corre ningún peligro.

El mamut mastica

Los animales que comen productores se llaman consumidores primarios. Ocupan el segundo lugar en la cadena alimenticia. Aquí, la energía almacenada en la hierba pasa al cuerpo del mamut.

Luz solar

El Sol es la fuente de energía original en casi todas las cadenas alimentarias.

Hierba verde

En la base de la cadena trófica están los productores. Suelen ser plantas verdes que combinan la energía de la luz solar con nutrientes de la tierra para fabricar su propio alimento con la fotosíntesis (ver páginas 42-43).

Flujo de energía

Todo organismo necesita energía para sobrevivir. En una cadena trófica, la energía pasa de un organismo a otro. Las plantas aprovechan la energía del Sol, que pasa a los animales que comen hierba. A su vez, cuando los animales son comidos, la energía asciende por la cadena alimentaria.

Cazador hambriento

Si el tigre diente de sable se come al mamut, su energía le pasa a él. Los animales que se alimentan de otros animales se denominan consumidores secundarios. Los tigres solo comen carne, pero algunos consumidores secundarios también comen plantas, por lo que son consumidores primarios y secundarios.

Escarabajo pelotero

Descompone y come las heces de otros animales.

Redes alimentarias

La mayoría de criaturas participan en más de una cadena trófica. Las cadenas alimentarias se interrelacionan formando una red compleja llamada red alimentaria, que muestra cómo circula la energía entre los animales de un hábitat determinado. En esta red alimentaria ártica, los productores son unas diminutas algas fotosintéticas llamadas fitoplancton.

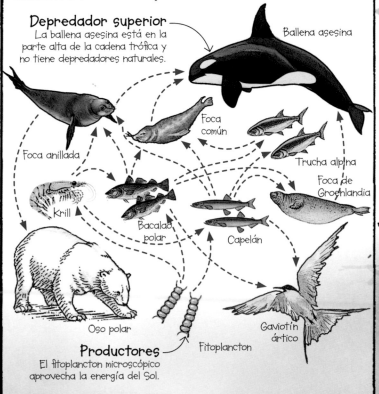

Depredador superior
La ballena asesina está en la parte alta de la cadena trófica y no tiene depredadores naturales.

Ballena asesina

Foca anillada

Foca común

Trucha alpina

Foca de Groenlandia

Krill

Bacalao polar

Capelán

Oso polar

Gaviotín ártico

Productores
El fitoplancton microscópico aprovecha la energía del Sol.

Fitoplancton

Descomponedor

Las criaturas que se alimentan de desechos y organismos muertos se llaman descomponedores, y los devuelven a la tierra, para que puedan usarlos las plantas y la energía siga circulando.

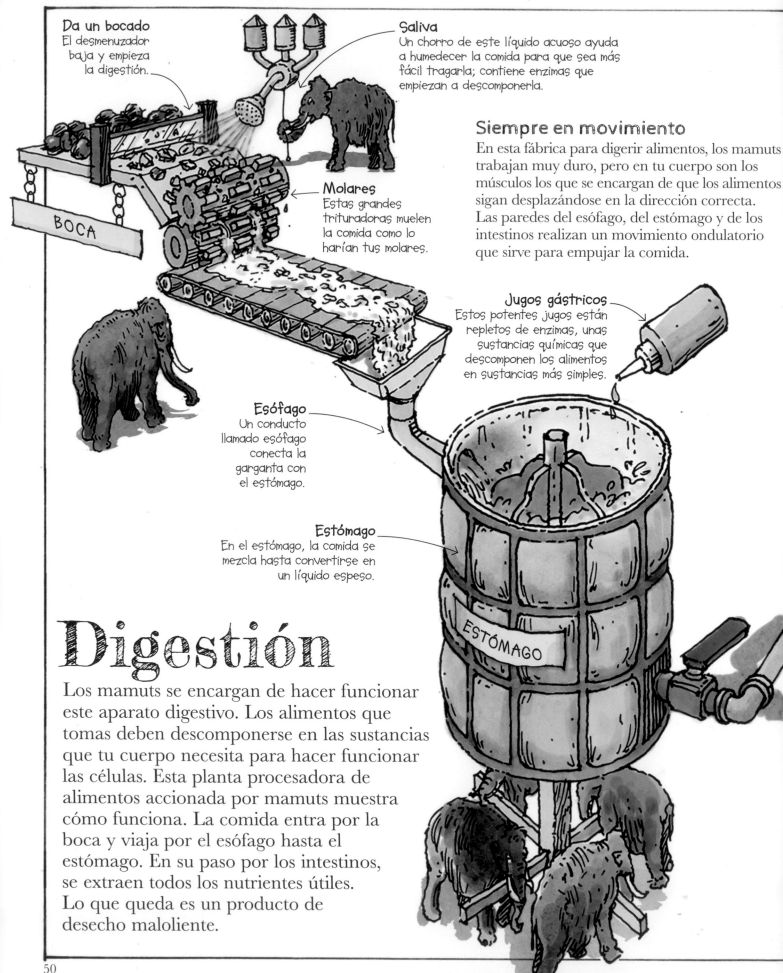

Da un bocado
El desmenuzador baja y empieza la digestión.

Saliva
Un chorro de este líquido acuoso ayuda a humedecer la comida para que sea más fácil tragarla; contiene enzimas que empiezan a descomponerla.

BOCA

Molares
Estas grandes trituradoras muelen la comida como lo harían tus molares.

Siempre en movimiento
En esta fábrica para digerir alimentos, los mamuts trabajan muy duro, pero en tu cuerpo son los músculos los que se encargan de que los alimentos sigan desplazándose en la dirección correcta. Las paredes del esófago, del estómago y de los intestinos realizan un movimiento ondulatorio que sirve para empujar la comida.

Jugos gástricos
Estos potentes jugos están repletos de enzimas, unas sustancias químicas que descomponen los alimentos en sustancias más simples.

Esófago
Un conducto llamado esófago conecta la garganta con el estómago.

Estómago
En el estómago, la comida se mezcla hasta convertirse en un líquido espeso.

ESTÓMAGO

Digestión

Los mamuts se encargan de hacer funcionar este aparato digestivo. Los alimentos que tomas deben descomponerse en las sustancias que tu cuerpo necesita para hacer funcionar las células. Esta planta procesadora de alimentos accionada por mamuts muestra cómo funciona. La comida entra por la boca y viaja por el esófago hasta el estómago. En su paso por los intestinos, se extraen todos los nutrientes útiles. Lo que queda es un producto de desecho maloliente.

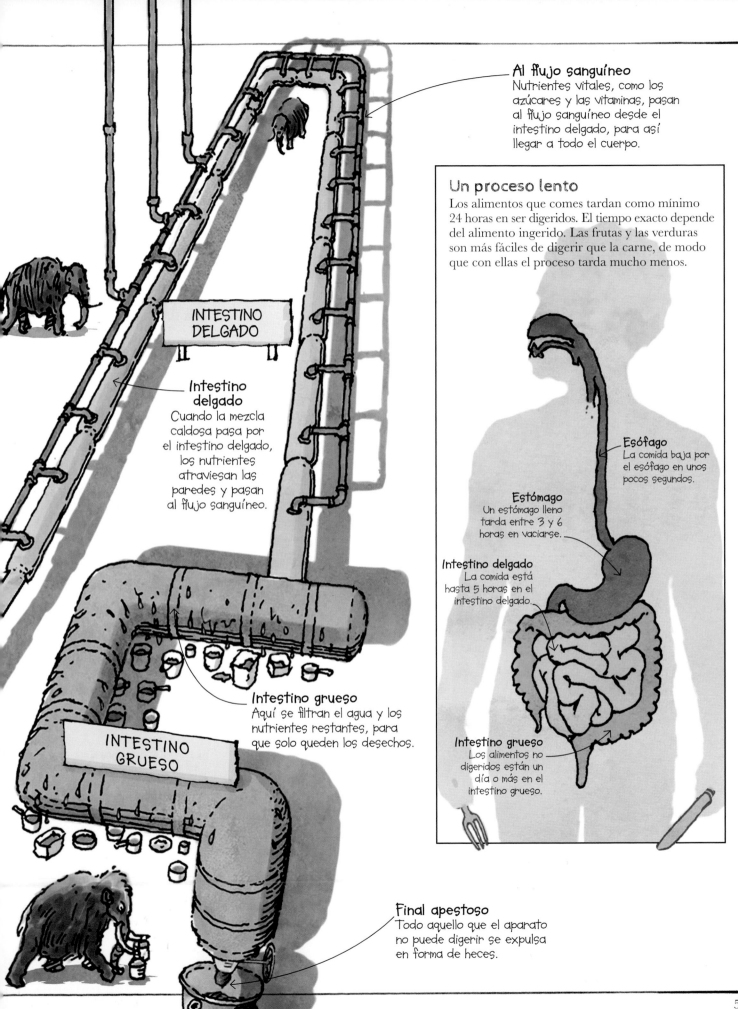

Al flujo sanguíneo
Nutrientes vitales, como los azúcares y las vitaminas, pasan al flujo sanguíneo desde el intestino delgado, para así llegar a todo el cuerpo.

Un proceso lento

Los alimentos que comes tardan como mínimo 24 horas en ser digeridos. El tiempo exacto depende del alimento ingerido. Las frutas y las verduras son más fáciles de digerir que la carne, de modo que con ellas el proceso tarda mucho menos.

INTESTINO DELGADO

Intestino delgado
Cuando la mezcla caldosa pasa por el intestino delgado, los nutrientes atraviesan las paredes y pasan al flujo sanguíneo.

Esófago
La comida baja por el esófago en unos pocos segundos.

Estómago
Un estómago lleno tarda entre 3 y 6 horas en vaciarse.

Intestino delgado
La comida está hasta 5 horas en el intestino delgado.

Intestino grueso
Aquí se filtran el agua y los nutrientes restantes, para que solo queden los desechos.

INTESTINO GRUESO

Intestino grueso
Los alimentos no digeridos están un día o más en el intestino grueso.

Final apestoso
Todo aquello que el aparato no puede digerir se expulsa en forma de heces.

Respiración

Las células del cuerpo necesitan oxígeno. Los pulmones se encargan de obtenerlo del aire y pasarlo al torrente sanguíneo, para que pueda llegar a las células del cuerpo. Estos grandes sacos esponjosos inspiran aire para absorber oxígeno y lo espiran para liberar dióxido de carbono.

Respirar

Los pulmones no pueden moverse por sí solos, y para respirar, hace falta algo de fuerza muscular. Los mamuts están echando una mano a estos pulmones, pero en tu cuerpo, un músculo llamado diafragma se contrae para expandir los pulmones y aspirar el aire.

Inspirar...

El diafragma es una lámina de músculo que está debajo de los pulmones. Al contraerse (acortarse), agranda el espacio de dentro del tórax. Los músculos intercostales que hay entre las costillas también ayudan, tirando de la caja torácica hacia fuera. Los pulmones se expanden y el aire entra en ellos.

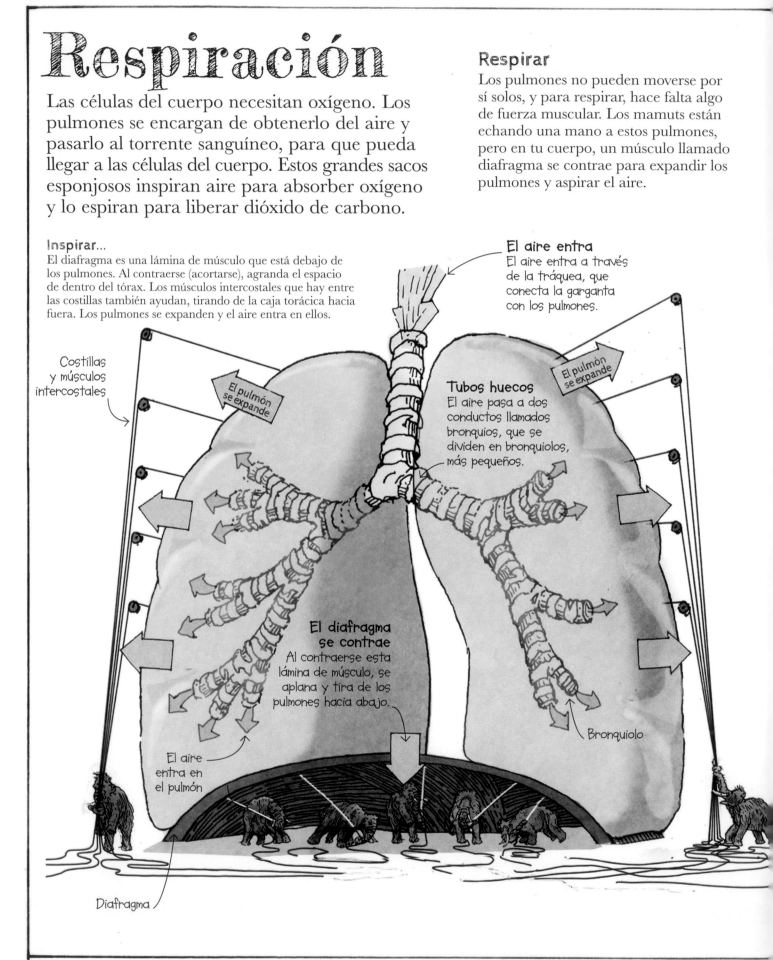

Costillas y músculos intercostales

El pulmón se expande

El aire entra
El aire entra a través de la tráquea, que conecta la garganta con los pulmones.

El pulmón se expande

Tubos huecos
El aire pasa a dos conductos llamados bronquios, que se dividen en bronquiolos, más pequeños.

El diafragma se contrae
Al contraerse esta lámina de músculo, se aplana y tira de los pulmones hacia abajo.

Bronquiolo

El aire entra en el pulmón

Diafragma

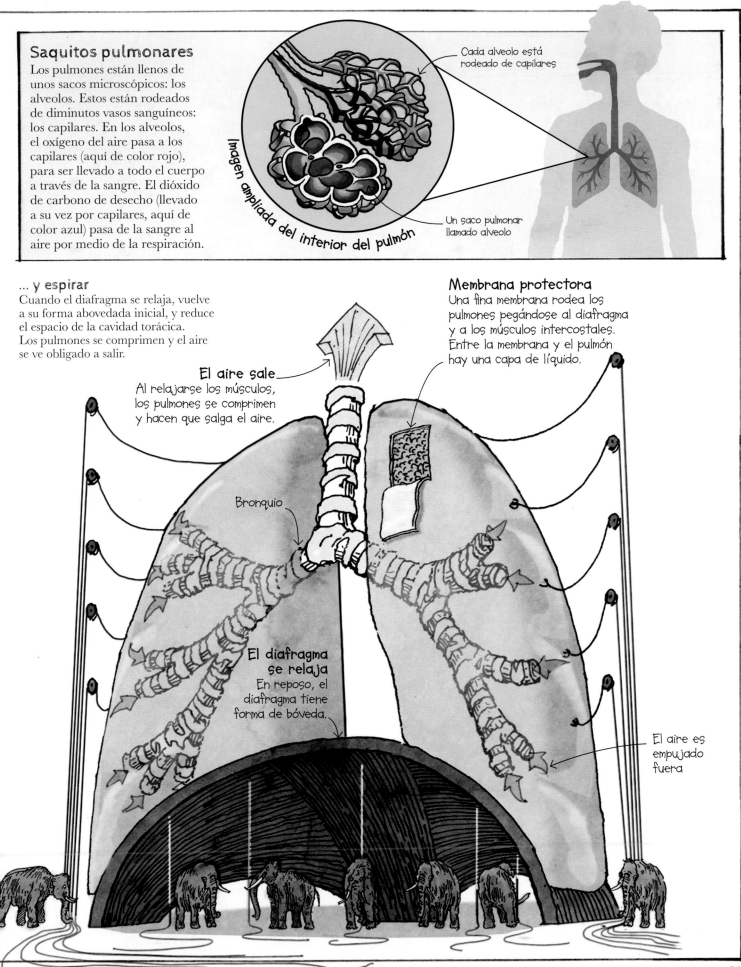

Saquitos pulmonares

Los pulmones están llenos de unos sacos microscópicos: los alveolos. Estos están rodeados de diminutos vasos sanguíneos: los capilares. En los alveolos, el oxígeno del aire pasa a los capilares (aquí de color rojo), para ser llevado a todo el cuerpo a través de la sangre. El dióxido de carbono de desecho (llevado a su vez por capilares, aquí de color azul) pasa de la sangre al aire por medio de la respiración.

Imagen ampliada del interior del pulmón

Cada alveolo está rodeado de capilares

Un saco pulmonar llamado alveolo

... y espirar

Cuando el diafragma se relaja, vuelve a su forma abovedada inicial, y reduce el espacio de la cavidad torácica. Los pulmones se comprimen y el aire se ve obligado a salir.

Membrana protectora

Una fina membrana rodea los pulmones pegándose al diafragma y a los músculos intercostales. Entre la membrana y el pulmón hay una capa de líquido.

El aire sale

Al relajarse los músculos, los pulmones se comprimen y hacen que salga el aire.

Bronquio

El diafragma se relaja

En reposo, el diafragma tiene forma de bóveda.

El aire es empujado fuera

Circulación

En tu interior hay millones de vasos sanguíneos que llevan oxígeno y nutrientes a las células de todo tu cuerpo. Esta increíble red se llama aparato circulatorio. Si juntáramos todos los vasos sanguíneos del cuerpo, podrían rodear el planeta Tierra dos veces. Imagínate la inmensa cantidad de vasos sanguíneos que hay dentro de un enorme mamut.

Corazón
Bombea sin parar para que la sangre no deje de fluir por el cuerpo.

Red intrincada
Las distintas partes del cuerpo disponen de arterias y venas que suministran y retiran la sangre.

Capilares

Las arterias y las venas están conectadas por unos vasos muy finos: los capilares. Estos tubos microscópicos constituyen el 98 por ciento de los vasos sanguíneos y forman una red ramificada por los tejidos y las células del cuerpo. Las paredes de los capilares tienen una sola célula de grosor, por lo que permiten que el oxígeno y los nutrientes del flujo sanguíneo pasen a las células del cuerpo, donde son usados para liberar energía y accionar las células. Los desechos de este proceso, como el dióxido de carbono, pasan a los capilares y son eliminados.

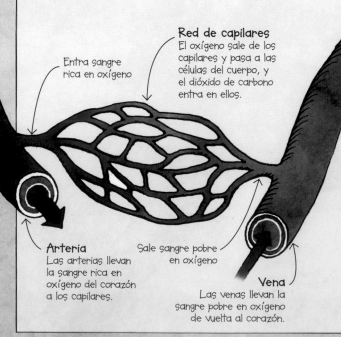

Entra sangre rica en oxígeno

Red de capilares
El oxígeno sale de los capilares y pasa a las células del cuerpo, y el dióxido de carbono entra en ellos.

Arteria
Las arterias llevan la sangre rica en oxígeno del corazón a los capilares.

Sale sangre pobre en oxígeno

Vena
Las venas llevan la sangre pobre en oxígeno de vuelta al corazón.

Arteria
Unos fuertes vasos, las arterias llevan la sangre rica en oxígeno desde el corazón. Sus paredes son más gruesas porque llevan la sangre a mayor presión que las venas.

Vena
Las venas llevan sangre pobre en oxígeno desde los tejidos del cuerpo hacia el corazón.

Circuito sanguíneo

En el centro del sistema circulatorio está el corazón. Este músculo bombea sangre a los pulmones para obtener oxígeno vital, y luego bombea la sangre oxigenada por todo el cuerpo. Una vez suministrada la carga de oxígeno, la sangre regresa al corazón para empezar de nuevo el proceso. La sangre que se aleja del corazón fluye por arterias, mientras que la sangre que regresa de los tejidos corporales viaja a través de venas.

Glóbulo rojo

Los glóbulos rojos llevan el oxígeno procedente de los pulmones por todo el cuerpo. Estas células no están a escala: son diminutas comparadas incluso con la arteria o la vena más pequeñas.

Capa muscular

Las arterias tienen una gruesa capa de músculo que ayuda a controlar el flujo sanguíneo que viene del corazón.

Plasma

El plasma es un líquido incoloro en el que van las células de la sangre. Contiene nutrientes y desechos.

Glóbulo blanco

Estas células forman parte del sistema inmunitario. Ayudan a destruir las bacterias y a combatir las enfermedades.

Plaqueta

Las plaquetas ayudan a cicatrizar heridas. Se agrupan para formar coágulos.

De vuelta

Los glóbulos rojos pobres en oxígeno van de regreso hacia el corazón.

Válvula

Las válvulas hacen que la sangre fluya en una sola dirección, evitando que la presión sanguínea baje.

Desechos

Tanto las personas como los mamuts producen algunos productos bastante desagradables. Se debe a que las células del cuerpo producen desechos continuamente, que deben ser eliminados para que puedas mantenerte sano. Los productos de desecho son eliminados del cuerpo en forma de orina y sudor, y espiradas cuando exhalas. Las heces son otra clase de desecho. Son alimentos sin digerir desechados por el aparato digestivo.

Aparato urinario

Los riñones y la vejiga forman parte del aparato urinario, que elimina los desechos procedentes del flujo sanguíneo. Los vasos sanguíneos llevan la sangre hasta los riñones, que se encargan de eliminar las sustancias químicas dañinas y el exceso de agua, convirtiéndolos en orina. Este líquido viaja por dos conductos (los uréteres) hasta la vejiga. Cuando este depósito se llena, unos sensores avisan al cerebro de que es hora de ir al lavabo. La orina sale del cuerpo a través de un conducto llamado uretra.

Riñones
Dos riñones filtran los desechos de la sangre y producen la orina.

Uréter
La orina viaja por los dos uréteres hasta la vejiga.

Vejiga
Cuando esta bolsa de almacenamiento elástica se llena, manda una señal al cerebro de que necesita orinar.

Uretra

Sudor resbaladizo

Si el cuerpo se calienta en exceso, secreta sudor por los poros de la piel. El sudor contiene algunos productos de desecho, como el exceso de sal, que el cuerpo no necesita.

Poro sudoríparo
Los poros de la piel secretan agua salada procedente de las glándulas sudoríparas.

Piel

Glándula sudorípara

Pelo

Desechos industriales

En esta fábrica, el cuerpo produce distintas sustancias de desecho, que unos trabajadores mamut eliminan. La eliminación de los desechos procedentes de las células del cuerpo se denomina excreción. El cuerpo lo hace produciendo orina en los riñones, secretando sudor por los poros de la piel y exhalando dióxido de carbono procedente de los pulmones. La expulsión de las heces, por su parte, se conoce como egestión.

Intestino grueso

Riñón

¿Qué contiene la orina?

Las sustancias químicas de desecho y el exceso de agua salen del cuerpo en forma de orina, o pis. La orina la producen los riñones, que filtran los productos de desecho no deseados del flujo sanguíneo.

Exhalar aire viciado

El dióxido de carbono es un producto de desecho que sale del cuerpo a través de los pulmones cuando respiramos (ver páginas 52-53). El agua también sale del cuerpo en forma de vapor de agua a través del aliento.

Alveolos

En los pulmones hay unos sacos diminutos llamados alveolos, que filtran el dióxido de carbono de la sangre.

Heces apestosas

La comida no digerida en forma de heces se produce en el intestino grueso (ver páginas 50-51) y se almacena en el recto. Los músculos que rodean el ano se relajan para que puedas expulsar el producto maloliente.

Huesos

Bajo la piel del mamut hay un montón de grandes huesos. Los huesos se componen de un tejido muy resistente y se unen formando un esqueleto. Los huesos de un mamut son mucho más grandes que los de un humano, pero sirven para lo mismo: proteger los órganos internos blandos, como el corazón y los pulmones, y colaborar con los músculos y los tendones para mover el cuerpo.

El esqueleto

El enorme esqueleto de un mamut se compone de más de 300 huesos. Esta máquina de rayos X gigante muestra los huesos con un resplandor fantasmagórico. Los rayos X atraviesan los tejidos blandos, como la piel y los músculos, pero no los huesos densos, que aparecen como sombras blancas.

Columna vertebral
La columna protege la médula espinal y se compone de muchos huesos pequeños llamados vértebras.

¿Cómo es un hueso?
Los huesos tienen que ser resistentes, pero también ligeros pues de otro modo no podríamos movernos. En el hueso, unas fibras óseas entrecruzadas forman una estructura que es a la vez ligera y resistente.

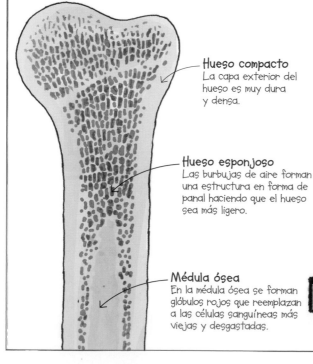

Hueso compacto
La capa exterior del hueso es muy dura y densa.

Hueso esponjoso
Las burbujas de aire forman una estructura en forma de panal haciendo que el hueso sea más ligero.

Médula ósea
En la médula ósea se forman glóbulos rojos que reemplazan a las células sanguíneas más viejas y desgastadas.

Colmillos
Sus colmillos no son huesos, sino dientes delanteros de gran tamaño.

Trompa
La trompa no tiene huesos y es controlada solo por músculos.

Articulaciones

Los huesos no están dispuestos de cualquier manera; se unen cuidadosamente mediante articulaciones. Existen distintos tipos de articulaciones según si permiten que los huesos se muevan arriba y abajo, de un lado a otro o describiendo círculos.

Articulación en pivote

En una articulación en pivote, un hueso rota alrededor del otro. Este tipo de articulación une el cráneo a la columna y permite que el mamut pueda girar la cabeza a ambos lados, para poder localizar al tigre dientes de sable.

Cuenca

Bola

Articulación a rótula

En este tipo de articulación, un hueso tiene forma de cuenca y el otro de bola. Se encuentra en el hombro y en la cadera del mamut, y permite que sus extremidades se muevan de una manera libre.

Articulación en bisagra

Una articulación en bisagra permite doblar y estirar los huesos. El mamut puede balancear sus rugosas rodillas adelante y atrás porque estas tienen articulaciones en bisagra.

Pelvis
La pelvis con forma de cuenco está unida a la columna vertebral y a las patas.

Costillas
Hileras de huesos curvados forman la caja torácica, que protege el corazón y otros órganos.

Patas
Los huesos de las patas traseras están unidos a los delicados huesos de los pies.

Coraza protectora
Algunos animales no tienen huesos, sino una dura protección externa, o exoesqueleto, que protege su parte interior blanda.

Músculos

Un esqueleto fuerte no serviría de mucho sin músculos que lo movieran. Estos haces de tejido se contraen (acortan) para tirar de los huesos. El cuerpo humano tiene más de 650 músculos y muchos de ellos trabajan juntos de dos en dos. Estos mamuts intentan demostrar cómo funcionan los dos músculos presentes en la parte superior del brazo: el bíceps y el tríceps.

Pares de músculos

Los músculos trabajan contrayéndose, apretando sus fibras para acortarlas. Por eso solo pueden tirar, y no empujar. Para que las articulaciones se muevan en las dos direcciones los músculos están en parejas. Uno se contrae para tirar del hueso en una dirección, y el otro, para moverlo en la contraria.

Antebrazo

¡Aprieta!
El mamut que hace de bíceps se apretuja, contrayendo el cuerpo y tirando del antebrazo.

Brazo

Y relaja...
Mientras el mamut que hace de bíceps trabaja, el que hace de tríceps se relaja.

Tendones
Los mamuts están atados a las partes móviles con unas cuerdas, igual que los tendones unen los músculos a los huesos.

El brazo se dobla
En esta representación de la fuerza muscular, los mamuts están atados a una maqueta simplificada del brazo. Un mamut hace de bíceps, en la parte superior del brazo, y el otro, que está más abajo, de tríceps. Cuando el bíceps se contrae, el brazo se dobla por el codo.

El brazo se estira

El bíceps no puede hacer que el hueso se mueva hacia atrás de nuevo para enderezar el brazo porque solo puede tirar, no empujar. El tríceps es el que libera la tensión.

Articulación del codo

Los huesos de la parte superior del brazo y del antebrazo se unen en una articulación en bisagra, lo que permite estirar y flexionar el brazo.

El brazo se estira

Relajado

El mamut que hace de bíceps se toma un descanso.

Tipos de músculos

Hay tres tipos de músculos en el cuerpo. Los que están unidos a los huesos los movemos conscientemente, pero otros funcionan de manera automática, sin que nos demos ni cuenta.

Músculos esqueléticos

Están unidos a los huesos del esqueleto con unos tejidos duros llamados tendones. Se contraen para mover el cuerpo, pero se cansan con el uso continuado.

Músculo

Unos cordones duros llamados tendones unen los músculos al hueso

Músculo liso

El estómago y los intestinos están recubiertos de músculo liso. Este tipo de músculo se contrae automáticamente para desplazar la comida por el aparato digestivo.

Músculo cardíaco

Las fuertes paredes del corazón están formadas por músculo cardíaco. Este tipo de músculo se contrae automáticamente cada segundo para que el corazón no deje de latir en ningún momento y lo hace sin cansarse.

¡Flexionar!

El mamut que hace de tríceps se contrae.

Sistema nervioso

Los animales pueden sentir y reaccionar de inmediato a lo que ocurre a su alrededor porque su cuerpo está controlado por el sistema nervioso. Miles de millones de células nerviosas interconectadas, las neuronas, forman esta rápida red de comunicaciones y mandan mensajes en forma de impulsos eléctricos por el cuerpo.

Sentir y reaccionar

El sistema nervioso controla muchos procesos, como la respiración y la digestión, sin que el cuerpo sea siquiera consciente de ello. Pero algunas respuestas son controladas de manera consciente: cuando este mamut ve a un depredador hambriento al acecho entre la maleza, el sistema nervioso entra en acción.

Control y comunicación

El sistema nervioso humano consta de dos partes: el sistema nervioso central (SNC), formado por el cerebro y la médula espinal, y el sistema nervioso periférico, que envía señales a través del cuerpo mediante una red de nervios. Los nervios sensoriales mandan información en forma de señales al cerebro desde los receptores de los sentidos, mientras que los nervios motores mandan instrucciones en forma de señales desde el cerebro a los músculos y órganos.

Cerebro
El cerebro está formado por miles de millones de neuronas y controla casi todas las actividades del cuerpo.

Médula espinal
La médula espinal, que conecta el cerebro con el resto del cuerpo, es una estructura de un dedo de ancho.

Nervios
Los nervios llegan a todas las partes del cuerpo. Están compuestos de neuronas que tienen unas largas fibras ramificadas para transmitir señales.

Visión aterradora
El hambriento tigre diente de sable aparece de pronto entre los arbustos.

1. Nervios sensoriales

La información de los ojos viaja al cerebro a través de los nervios sensoriales.

2. Cerebro

El cerebro del mamut recibe y procesa la información, y decide cómo reaccionar.

Ojo

Reacción rápida

El mamut reacciona tan rápidamente porque los mensajes viajan por los nervios a toda velocidad. Primero, los ojos envían una señal al cerebro a través de los nervios sensoriales. El cerebro procesa la información y, a través de los nervios motores, envía señales diciendo a los músculos lo que deben hacer. Todo esto ocurre de forma casi instantánea.

3. Nervios motores

El cerebro envía una señal a los músculos de las patas a través de los nervios motores, para asegurarse de que el mamut huye enseguida.

Detectar el peligro

Los sentidos del mamut envían un flujo constante de mensajes al cerebro, sobre lo que puede ver, oír, sentir y oler a su alrededor. Esta información sensorial solo tarda una fracción de segundo en viajar hasta el cerebro, así que el mamut puede responder de inmediato.

Células nerviosas

Las neuronas envían mensajes a modo de impulsos eléctricos a una velocidad de hasta 400 kilómetros por hora. La señal viaja a través del largo axón de la célula hasta que llega a la siguiente neurona. Las dos células se unen en una depresión llamada sinapsis. La señal salta esta depresión y sigue su viaje por el axón de la siguiente neurona.

Axón

La larga fibra nerviosa, o axón, está recubierta de una sustancia grasa llamada mielina, que hace que la señal viaje más rápido.

Vaina de mielina

Sinapsis

Una sustancia química se mueve a través del espacio, o sinapsis, y lleva la señal de una neurona a la siguiente.

Cuerpo celular

Dendritas

Estas ramificaciones reciben señales de otras neuronas.

El ojo

El ojo es un órgano increíble. Capta la luz de nuestro entorno y proporciona al cerebro una imagen de lo que nos rodea. Los ojos de todos los mamíferos funcionan del mismo modo, tanto si son diminutas musarañas elefantes como enormes mamuts lanudos, pasando por los seres humanos. La luz entra por un orificio llamado pupila y se enfoca en la retina, que es sensible a la luz.

Interior del ojo

Esta sección transversal muestra cómo detecta el ojo una imagen. La luz entra en el ojo y pasa por un disco transparente llamado cristalino. El cristalino desvía la luz (ver página 91) para enfocar una imagen nítida, invertida, en la retina, en la parte posterior del ojo. Las células sensibles a la luz de la retina transforman la imagen en impulsos nerviosos y los envían al cerebro, que procesa la imagen y le da la vuelta para que quede en la posición correcta.

Rayos de luz reflejados
La luz rebota en la musaraña elefante y viaja hacia el ojo del mamut.

Pupila adaptable

El iris es un círculo formado por músculos con un orificio central llamado pupila. El iris cambia de forma para que la pupila se haga más grande o más pequeña, y controla la cantidad de luz que entra en el ojo.

Pupila pequeña
Cuando la luz es muy intensa, la pupila se hace más pequeña para dejar entrar menos luz y proteger así la retina.

Pupila grande
Cuando la luz es muy tenue, la pupila se hace más grande para dejar entrar más luz, y mejorar la visión.

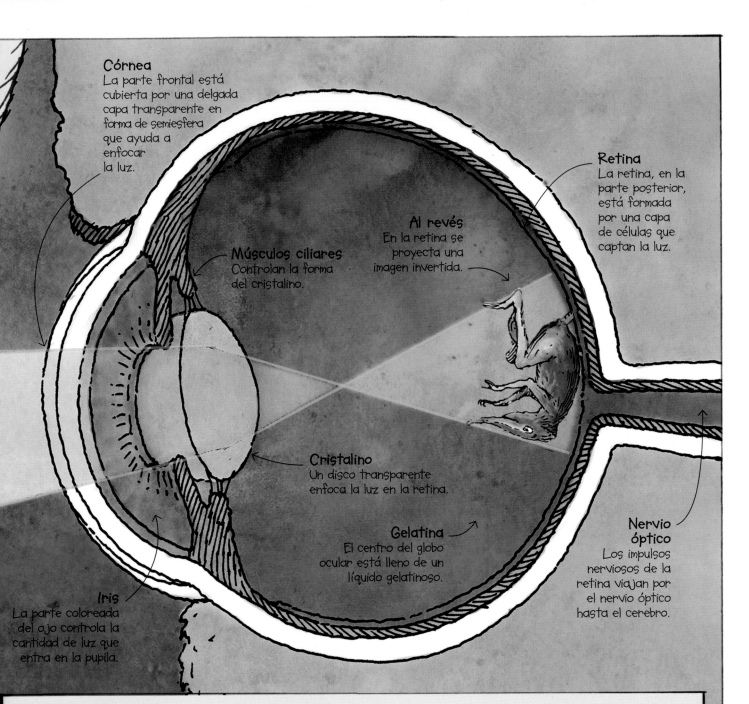

Córnea
La parte frontal está cubierta por una delgada capa transparente en forma de semiesfera que ayuda a enfocar la luz.

Retina
La retina, en la parte posterior, está formada por una capa de células que captan la luz.

Al revés
En la retina se proyecta una imagen invertida.

Músculos ciliares
Controlan la forma del cristalino.

Cristalino
Un disco transparente enfoca la luz en la retina.

Gelatina
El centro del globo ocular está lleno de un líquido gelatinoso.

Nervio óptico
Los impulsos nerviosos de la retina viajan por el nervio óptico hasta el cerebro.

Iris
La parte coloreada del ojo controla la cantidad de luz que entra en la pupila.

Enfocar la luz

El cristalino del ojo es un disco transparente blando que enfoca la luz en la retina. Para poder ver con nitidez objetos que están a distintas distancias, el cristalino tiene que cambiar de forma. Los músculos ciliares fijados al cristalino se relajan y contraen automáticamente: estrechan el cristalino para enfocar la luz de objetos distantes y lo ensanchan para enfocar la luz de objetos cercanos. Los músculos están constantemente realizando ajustes para ajustar el enfoque.

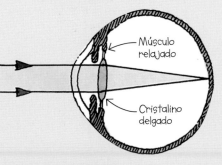

Músculo relajado

Cristalino delgado

Enfoque lejano
Para enfocar objetos distantes, los músculos se relajan, lo que hace que el cristalino se estreche. Eso hace que los objetos distantes se vean nítidos y los cercanos, borrosos.

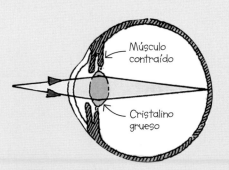

Músculo contraído

Cristalino grueso

Enfoque cercano
Para enfocar objetos cercanos, los músculos se contraen y el cristalino se ensancha. Los objetos cercanos se ven nítidos, mientras que los distantes se ven borrosos.

El oído

Las orejas del mamut son mucho más grandes que las nuestras, pero funcionan del mismo modo: convierten las ondas sonoras en información que el cerebro puede comprender. La estructura peluda que hay a los lados de la cabeza no es más que el orificio de entrada al oído. La magia ocurre en su interior.

Cómo oímos

Las ondas sonoras entran en el canal auditivo y el tímpano las capta. Luego los tres huesecillos del oído medio amplifican las vibraciones, que pasan al oído interno y la cóclea. La cóclea transforma las vibraciones en impulsos nerviosos, que el nervio auditivo transporta hasta el cerebro.

Canal auditivo
Un canal en forma de tubo lleva las ondas sonoras desde el oído externo hasta el oído medio.

Aurícula
La parte externa del oído capta las ondas sonoras y las conduce hasta el canal auditivo.

Oído externo

Sentir el movimiento

Los canales semicirculares del oído interno están llenos de líquido. Cuando mueves la cabeza, también lo hace el líquido, mandando impulsos nerviosos al cerebro. Eso permite al cerebro interpretar la posición de tu cuerpo, y evita que te caigas.

Girando
Cuando el líquido de los canales semicirculares da vueltas, el cerebro sabe que la cabeza está girando.

Parado
Si el líquido de los canales semicirculares no se mueve, es que la cabeza está quieta.

CÓMO INVERTIR CON ACIERTO

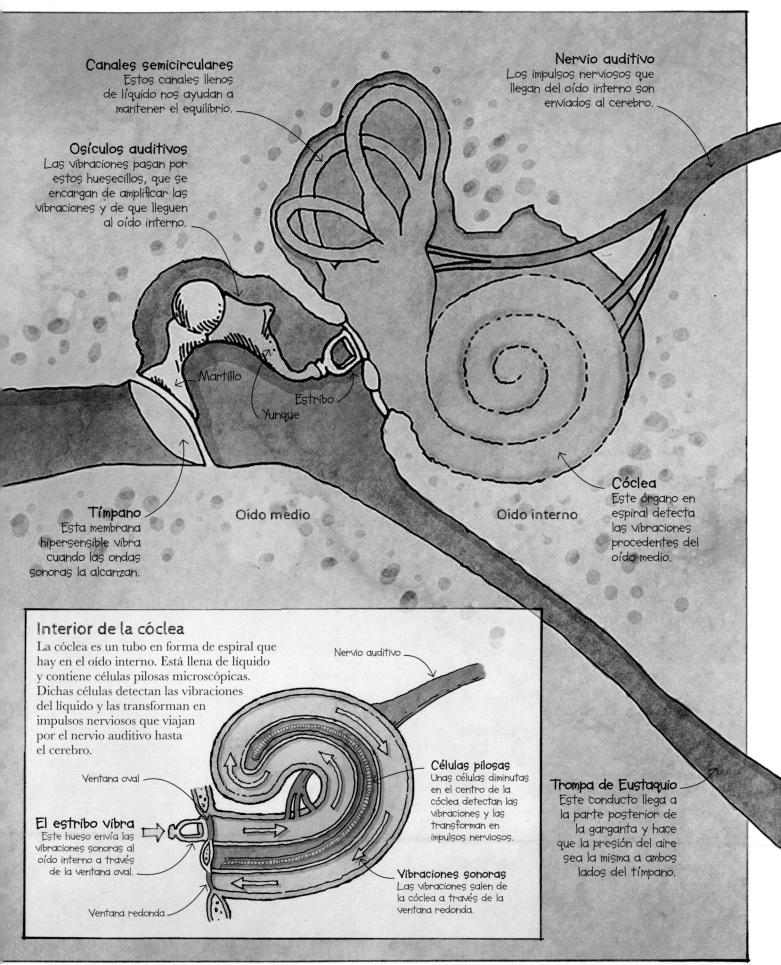

Canales semicirculares
Estos canales llenos de líquido nos ayudan a mantener el equilibrio.

Nervio auditivo
Los impulsos nerviosos que llegan del oído interno son enviados al cerebro.

Osículos auditivos
Las vibraciones pasan por estos huesecillos, que se encargan de amplificar las vibraciones y de que lleguen al oído interno.

Martillo

Estribo

Yunque

Tímpano
Esta membrana hipersensible vibra cuando las ondas sonoras la alcanzan.

Oído medio

Oído interno

Cóclea
Este órgano en espiral detecta las vibraciones procedentes del oído medio.

Interior de la cóclea

La cóclea es un tubo en forma de espiral que hay en el oído interno. Está llena de líquido y contiene células pilosas microscópicas. Dichas células detectan las vibraciones del líquido y las transforman en impulsos nerviosos que viajan por el nervio auditivo hasta el cerebro.

Nervio auditivo

Ventana oval

El estribo vibra
Este hueso envía las vibraciones sonoras al oído interno a través de la ventana oval.

Ventana redonda

Células pilosas
Unas células diminutas en el centro de la cóclea detectan las vibraciones y las transforman en impulsos nerviosos.

Vibraciones sonoras
Las vibraciones salen de la cóclea a través de la ventana redonda.

Trompa de Eustaquio
Este conducto llega a la parte posterior de la garganta y hace que la presión del aire sea la misma a ambos lados del tímpano.

Defensas

El cuerpo es atacado constantemente por gérmenes: microbios dañinos como las bacterias y los virus. Por suerte, existen muchas barreras para evitar una invasión enemiga. La piel es la primera línea defensiva del cuerpo, ya que forma un muro que impide que los gérmenes entren. Dentro del cuerpo, la saliva, las lágrimas y la mucosidad ayudan a eliminar los posibles invasores. Si estas defensas líquidas fallan, el sistema inmunitario del cuerpo envía ejércitos de células para que localicen y maten al enemigo.

El sistema inmunitario

Las barreras del cuerpo son muy efectivas, pero no logran impedir el paso a todos los invasores. El sistema inmunitario combate los gérmenes que han entrado en el cuerpo y fortalece la inmunidad contra infecciones futuras. Para ello identifica los gérmenes y produce anticuerpos, unas sustancias químicas que los bloquean.

Fagocito

1. Primera respuesta
Unos glóbulos blancos llamados fagocitos rodean y engullen las bacterias invasoras, destruyéndolas.

Bacteria

2. Identificación
Otra clase de glóbulos blancos, los linfocitos, se ocupan de identificar las bacterias y producir anticuerpos para combatirlas.

Linfocito

Anticuerpos

3. Contraataque
Si esa misma bacteria vuelve a invadir el cuerpo, este libera anticuerpos para combatirla.

Renovar y reconstruir
Cuando la piel se daña, es reparada, como este muro. Unas células diminutas de la sangre, las plaquetas, se unen en una costra que impide que entren bacterias mientras la piel se sana.

Limpiaojos
Las lágrimas limpian la suciedad de los globos oculares. Tienen una sustancia química que ayuda a destruir las bacterias.

Fortaleza mamut
El cuerpo imponente de un mamut es como una fortaleza gigante diseñada para evitar que los invasores puedan entrar. En este caso las que atacan son musarañas elefante, pero el cuerpo tiene que luchar contra enemigos mucho más pequeños: los virus y las bacterias microscópicas.

¡Al ataque!
Las musarañas elefante que atacan la fortaleza desempeñan el papel de gérmenes invasores.

Saliva resbaladiza
El foso de la fortaleza es como la saliva que mantiene la boca húmeda y limpia. La saliva contiene sustancias químicas que destruyen las bacterias.

Mucosidad viscosa
Las musarañas se han quedado pegadas en la mucosidad. La mucosidad que reviste la nariz (o trompa) atrapa polvo, bacterias o virus inhalados a través de las fosas nasales.

Barrera exterior
La piel es la muralla del cuerpo. Es una barrera física frente a las bacterias y los gérmenes invasores.

Crecimiento

Todos los organismos crecen y se transforman.
El desarrollo de un animal desde su nacimiento
a la edad adulta se conoce como su ciclo vital.
Las crías suelen parecer versiones en miniatura de
sus progenitores, pero sus cuerpos experimentan
importantes cambios a medida que crecen.

Se hace mayor
Aumenta de tamaño
y de estatura, y le
crecen los colmillos.

Cuerpo de cría
Las crías de los mamíferos
tienen, proporcionalmente,
la cabeza grande y las
patas cortas.

Infancia

Un mamífero recién nacido depende de sus
progenitores para conseguir comida y protección.
Su cuerpo crece rápido, pero la cría también se
desarrolla mentalmente: descubre el mundo que
le rodea y aprende a sobrevivir.

Juventud

Ya no crece tan rápido, pero sigue desarrollándose.
Aprende a independizarse de sus progenitores:
busca su propia comida y detecta los peligros.

Metamorfosis

Los mamíferos crecen hasta convertirse en adultos, pero algunos
animales cambian la forma de su cuerpo y su estilo de vida por
completo. Esta transformación drástica se llama metamorfosis.
El cambio es tan extremo que cuesta pensar que se trata de la
misma criatura, como la hermosa mariposa que empieza siendo
una oruga.

Huevo
Las mariposas ponen sus huevos
diminutos en el dorso de las hojas,
donde pasan inadvertidos.

Oruga
Del huevo sale una oruga que
empieza a comer de inmediato.
Sigue comiendo y creciendo.

Crisálida
Cuando deja de crecer, la oruga
hace un capullo rígido llamado
crisálida.

Mariposa
Dentro del capullo, la oruga se
transforma y, en pocas semanas,
sale convertida en mariposa.

En plenitud
Este mamut adulto ha alcanzado su tamaño y su fuerza máximos.

Etapas de la vida

A una cría de mamut le queda mucho por crecer. Como el resto de los mamíferos –también los humanos–, los mamuts empiezan siendo pequeños y van creciendo hasta alcanzar la edad adulta y la madurez sexual, momento en el que pueden tener descendencia.

Decadencia
El cuerpo pierde tejido muscular y el mamut se va encogiendo.

Edad adulta
En la edad adulta, el cuerpo alcanza su altura y fuerza máximas, y los huesos dejan de crecer. Su cuerpo alcanza la madurez sexual y es capaz de tener descendencia, de modo que el ciclo vital puede volver a empezar.

Vejez
En la vejez, los huesos y los músculos se debilitan y las articulaciones se anquilosan. La piel pierde su elasticidad y empieza a colgar. La vista y el oído pueden fallar. El mamut está llegando al final de su ciclo vital.

Producir un mamífero

Los mamuts, las musarañas elefante y los
seres humanos son mamíferos placentarios.
Sus crías crecen en el cuerpo de la madre
gracias a un órgano llamado placenta,
hasta que están listas para nacer.

Camada numerosa
Los mamíferos más
pequeños suelen parir
varias crías a la vez.

Leche materna
Los mamíferos hembra
producen una leche muy
nutritiva para alimentar
a sus crías.

Una única cría
La mayoría de los
mamíferos grandes
tienen solo una cría
cada vez.

Reproducción

¿Qué obtienes si cruzas un mamut macho con un mamut hembra? ¡Un minimamut! Todos los organismos vivos adultos pueden reproducirse. De lo contrario, las especies se extinguirían y la vida no existiría. La mayoría de los animales crean una nueva vida combinando las células de dos progenitores, mediante la reproducción sexual.

Una nueva vida

Para la reproducción sexual hacen falta dos progenitores: un macho y una hembra. Cada uno produce células sexuales, que solo tienen la mitad de los cromosomas habituales (ver p. 74), y que se combinan para transformarse en un nuevo organismo, que tendrá una mezcla de los cromosomas que habrá heredado de ambos progenitores. Eso significa que, en la reproducción sexual, cada nuevo organismo es único.

Cómo se desarrolla un embrión

Las células sexuales masculinas se llaman espermatozoides y las femeninas, óvulos. Al juntarse, forman una nueva célula y crean un embrión. En los mamíferos, eso ocurre dentro del cuerpo de la hembra y el embrión se desarrolla gracias a un órgano llamado placenta.

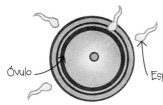

Óvulo · Espermatozoide

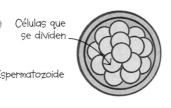

Células que se dividen

1 Fertilización
El primer espermatozoide que llega al óvulo atraviesa su revestimiento exterior. Ambas células se juntan en el proceso de la fertilización.

2 La célula se divide
A las pocas horas, la nueva célula empieza a dividirse y lo sigue haciendo hasta formar una diminuta bola de células llamada embrión.

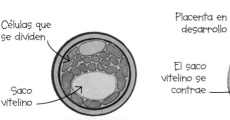

Células que se dividen

Saco vitelino

Placenta en desarrollo

El saco vitelino se contrae

Bolsa amniótica

3 Implantación del embrión
El embrión continúa creciendo, alimentado por un saco vitelino provisional, y se fija al revestimiento del útero de la madre.

4 La placenta toma el relevo
Se desarrolla la placenta, un órgano que le suministra alimento y oxígeno, y elimina los desechos. El líquido de la bolsa amniótica protege el embrión.

Poner huevos

Todas las aves y la mayoría de los peces, insectos y reptiles ponen huevos. El embrión se desarrolla dentro del huevo hasta que está listo para nacer. Luego, la cría rompe la cáscara o membrana, sale y empieza a corretear, serpentear o nadar por el mundo.

Eclosión
El polluelo rompe la frágil cáscara con el pico y sale.

Eclosión de un pájaro

Cáscara correosa
Los huevos de los reptiles suelen ser blandos y correosos.

Eclosión de una serpiente

Larva
Este recién nacido es una larva diminuta, no un pez completamente formado.

Eclosión de un pez

Producción de clones

Algunos animales pueden reproducirse ellos solos, sin una pareja. Se conoce como reproducción asexual. Las crías son copias idénticas, o clones, de su progenitor, ya que tienen exactamente los mismos genes. Los áfidos son unos insectos diminutos que pueden reproducirse de este modo, generando grandes cantidades de crías en poco tiempo.

Hembra de áfido
La madre da a luz a clones diminutos de sí misma.

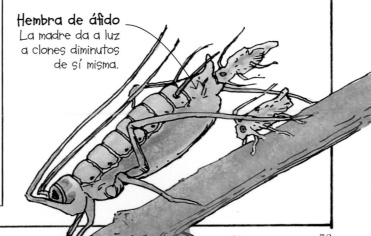

ADN

Todas las instrucciones necesarias para crear un organismo vivo están almacenadas en una gran molécula con un nombre muy largo: ácido desoxirribonucleico, o ADN. El ADN se encuentra en el interior de las células de todos los organismos vivos, en unos paquetes llamados cromosomas. Si pudieras desenredar un cromosoma, verías la forma de escalera retorcida característica de la molécula de ADN, conocida como doble hélice.

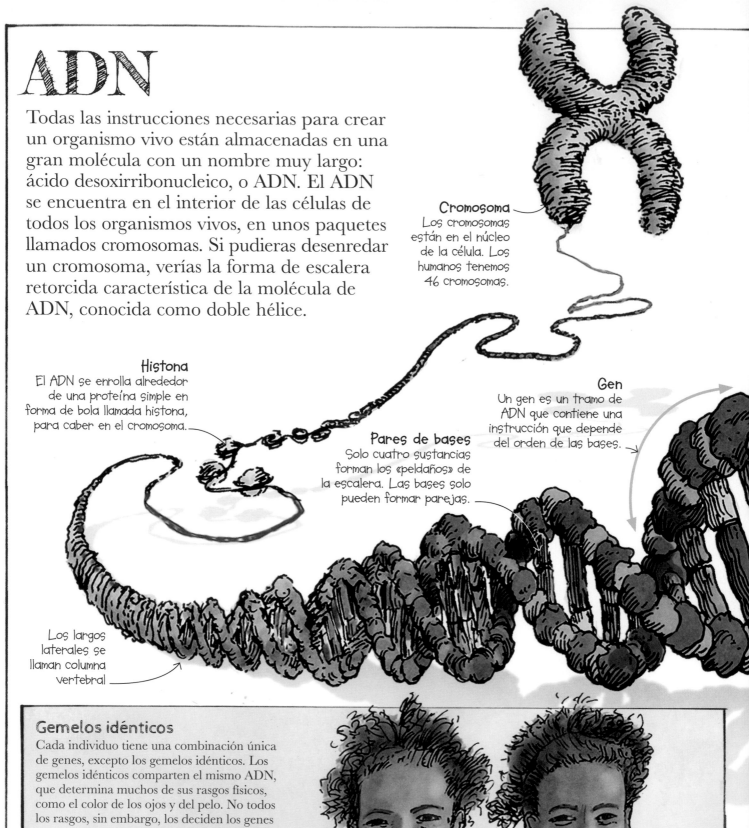

Cromosoma
Los cromosomas están en el núcleo de la célula. Los humanos tenemos 46 cromosomas.

Histona
El ADN se enrolla alrededor de una proteína simple en forma de bola llamada histona, para caber en el cromosoma.

Gen
Un gen es un tramo de ADN que contiene una instrucción que depende del orden de las bases.

Pares de bases
Solo cuatro sustancias forman los «peldaños» de la escalera. Las bases solo pueden formar parejas.

Los largos laterales se llaman columna vertebral

Gemelos idénticos

Cada individuo tiene una combinación única de genes, excepto los gemelos idénticos. Los gemelos idénticos comparten el mismo ADN, que determina muchos de sus rasgos físicos, como el color de los ojos y del pelo. No todos los rasgos, sin embargo, los deciden los genes íntegramente. Algunos dependen del entorno o el estilo de vida. Por ejemplo, la altura se debe en parte a los genes y en parte a otros factores, como la alimentación.

Genes idénticos
Los gemelos idénticos heredan exactamente los mismos genes de sus progenitores.

Código químico

Las instrucciones que un organismo necesita para vivir y desarrollarse están codificadas por tan solo cuatro sustancias químicas, las bases. El orden específico en el que aparecen las bases indica a las células del cuerpo lo que deben hacer. Un segmento de ADN con una sola instrucción es un gen. Una persona tiene 23 000 genes en total. Cuando el cuerpo crea células nuevas, para crecer o reproducirse, el ADN se descomprime y se replica (se copia).

En parejas
Las bases se unen a los laterales descomprimidos para formar dos nuevas hebras de ADN.

Copia exacta
El nuevo ADN es una copia exacta de la doble hélice original.

Descomprimido
El ADN se descomprime en dos hebras.

Herencia

Los genes se agrupan en parejas: uno heredado de cada progenitor. Muchos genes tienen versiones distintas. Estas musarañas elefante han heredado un gen de color del pelo de cada progenitor. El gen de pelo marrón es dominante: con heredar solo uno de estos, el pelo será marrón. El gen del pelo blanco es recesivo: hay que heredarlos los dos para tener el pelo blanco.

Progenitores
Cada progenitor es portador de un gen de pelo marrón y un gen de pelo blanco.

Descendencia
Solo los descendientes que heredan dos genes de pelo blanco tendrán el pelo blanco.

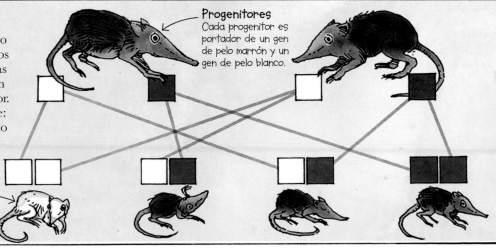

La evolución

La vida en la Tierra no siempre ha sido igual que en la actualidad. A lo largo de millones de años, las especies han ido cambiando para adaptarse al entorno, han aparecido nuevas especies y otras se han extinguido. Este proceso de transformación a lo largo del tiempo se conoce como evolución.

Trompa móvil
El *Primelephas* probablemente usaba su larga trompa para coger alimentos en las zonas boscosas donde vivía.

Paleomastodon
Este antepasado del elefante vivió hace unos 28 millones de años. Tenía una trompa y unos colmillos cortos y las orejas en la parte de atrás de la cabeza.

Gomphotherium
Tenía los colmillos más grandes: dos puntiagudos en la mandíbula superior y otros dos planos en forma de pala en la inferior. Vivía en la Tierra hace 10 millones de años.

Primelephas
Sus colmillos superiores eran más largos que los del *Gomphotherium*, y los inferiores, más cortos. Existió hace 6 millones de años. Pariente de los mamuts y los elefantes modernos, su nombre significa «primer elefante».

Conoce la familia
La evolución tiene lugar a lo largo de incontables generaciones y produce nuevas clases de animales. Nuestro mamut lanudo forma parte de un gran árbol genealógico de especies que incluye animales que vivieron en un pasado lejano y otros dos –el elefante africano y el asiático– que siguen existiendo en la actualidad.

Selección natural
Los organismos que mejor se adaptan al entorno sobreviven y transmiten sus principales rasgos a las futuras generaciones. Los escarabajos verdes de este árbol destacan y son atrapados por los pájaros. Los marrones, en cambio, sobreviven. Con el tiempo, la mayoría de los escarabajos de esta especie serán marrones.

Los escarabajos marrones se ven menos

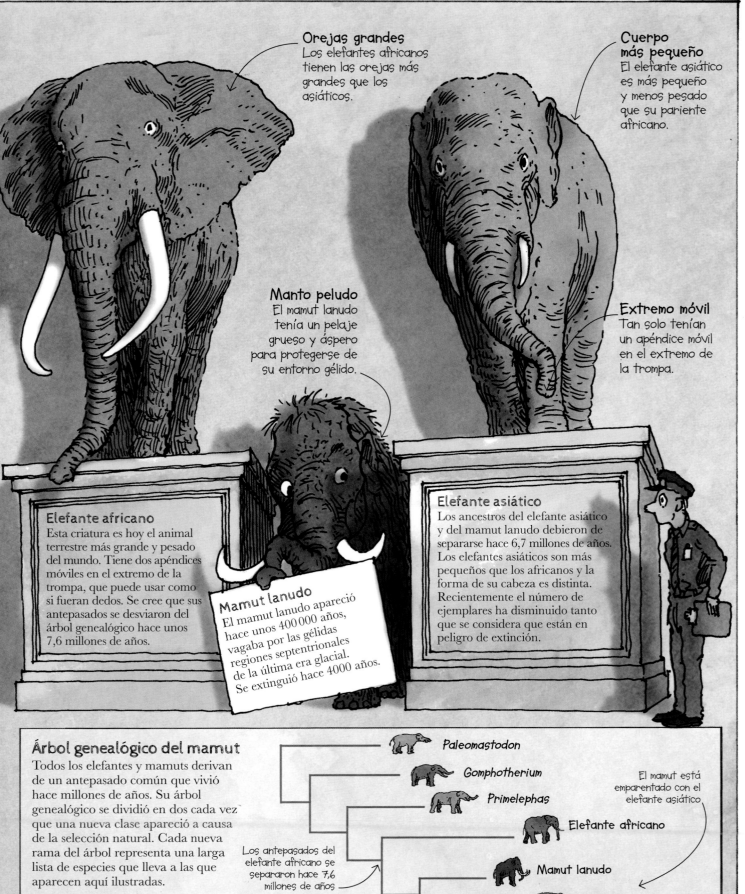

Orejas grandes
Los elefantes africanos tienen las orejas más grandes que los asiáticos.

Cuerpo más pequeño
El elefante asiático es más pequeño y menos pesado que su pariente africano.

Manto peludo
El mamut lanudo tenía un pelaje grueso y áspero para protegerse de su entorno gélido.

Extremo móvil
Tan solo tenían un apéndice móvil en el extremo de la trompa.

Elefante africano
Esta criatura es hoy el animal terrestre más grande y pesado del mundo. Tiene dos apéndices móviles en el extremo de la trompa, que puede usar como si fueran dedos. Se cree que sus antepasados se desviaron del árbol genealógico hace unos 7,6 millones de años.

Mamut lanudo
El mamut lanudo apareció hace unos 400 000 años, vagaba por las gélidas regiones septentrionales de la última era glacial. Se extinguió hace 4000 años.

Elefante asiático
Los ancestros del elefante asiático y del mamut lanudo debieron de separarse hace 6,7 millones de años. Los elefantes asiáticos son más pequeños que los africanos y la forma de su cabeza es distinta. Recientemente el número de ejemplares ha disminuido tanto que se considera que están en peligro de extinción.

Árbol genealógico del mamut
Todos los elefantes y mamuts derivan de un antepasado común que vivió hace millones de años. Su árbol genealógico se dividió en dos cada vez que una nueva clase apareció a causa de la selección natural. Cada nueva rama del árbol representa una larga lista de especies que lleva a las que aparecen aquí ilustradas.

Paleomastodon

Gomphotherium

Primelephas

El mamut está emparentado con el elefante asiático

Elefante africano

Mamut lanudo

Elefante asiático

Los antepasados del elefante africano se separaron hace 7,6 millones de años

El mamut y el elefante asiático se separaron hace 6,7 millones de años

La energía

Todo lo que ocurre en el universo, desde el Sol que brilla hasta tú que lees este libro, precisa de energía. La energía es lo que hace que todo funcione y está en todas partes siempre. La energía no puede crearse ni destruirse, pero puede almacenarse o transmitirse de distintas formas.

1. En lo alto

La energía que se almacena para usarla más tarde se llama energía potencial. Al sentarse en la plataforma de arriba, el mamut ha almacenado energía potencial gravitatoria. Es energía que se transmitirá cuando la gravedad atraiga al mamut hacia la Tierra.

Caída

La energía potencial se transforma en energía cinética cuando el mamut cae.

2. Salto

Cuando el mamut salta desde la plataforma, cae hacia abajo, ganando velocidad. La energía que poseen los objetos en movimiento se llama energía cinética; cuanto más pesado es un objeto y más rápido se mueve, más energía cinética acumula.

Aterrizaje ruidoso

Cuando el mamut golpea el suelo, parte de la energía se transfiere al entorno a través del calor y el sonido.

3. Muelles comprimidos

Los muelles que el mamut lleva en los pies almacenan energía al comprimirse. Cuando el mamut aterriza, la mayor parte de su energía cinética se transfiere a los muelles. Parte de la energía se transfiere a través del sonido: el ruido que hace el cuerpo del mamut al caer al suelo.

Transferencias de energía

Cuando pulsas el interruptor de la luz o montas en bicicleta, resulta fácil ver cómo funciona la energía. Pero en muchas otras ocasiones, cuesta mucho más comprender cómo se almacena y se transfiere. Este audaz mamut se ha subido a una plataforma elevada. Cualquier cosa que se eleva del suelo potencialmente puede volver a caer, de modo que decimos que el mamut tiene energía potencial almacenada. Cuando el mamut salta, la energía potencial se transfiere al movimiento.

4. Rebote

Cuando los muelles se descomprimen, liberan su energía elástica, que vuelve a transformarse en energía cinética mientras el mamut sale despedido por los aires. Este mamut temerario puede seguir rebotando, pero cada rebote será más pequeño que el anterior, ya que cada vez parte de la energía es transferida en forma de calor y sonido.

La energía que nos rodea

En realidad, toda la energía es igual, pero para que nos resulte más fácil entenderlo decimos que la energía se almacena o se usa de distintas formas en el mundo que nos rodea. Así resulta más fácil describir cómo se transfiere la energía haciendo que ocurran las cosas. Por ejemplo, la energía almacenada en las sustancias químicas que hay dentro de una pila puede transferirse a otros objetos mediante la electricidad. Las bombillas y los timbres pueden transferir dicha energía a través de la luz, el calor o el sonido.

Energía cinética
La energía almacenada en los objetos en movimiento, ya sea un mamut o un balón.

Luz
Una manera de transferir la energía que nuestros ojos pueden ver.

Sonido
Energía que se transfiere con vibraciones por sólidos, líquidos o gases.

Energía térmica
Energía que se almacena en los objetos calientes y se transfiere a otros mediante calor.

Energía elástica
Energía potencial que se almacena en un muelle.

Energía nuclear
Energía almacenada dentro de los átomos.

Energía química
Energía almacenada por los compuestos químicos.

Energía eléctrica
Transferencia de energía mediante cargas móviles.

El calor

Lo caliente o frío que está algo depende de lo rápido que se muevan sus partículas: a más movimiento, más caliente. El calor es la energía que hace que las partículas se muevan más rápido, elevando la temperatura de un objeto. Puede transferirse de una cosa a otra y siempre se desplaza de las zonas más calientes a las más frías, como están descubriendo estas musarañas elefante.

Transmisión de calor

Colocando la barra metálica sobre la llama, el mamut está haciendo sudar a las musarañas elefante. El calor se transmite a lo largo de la barra por conducción. Las partículas de la barra sólida no pueden moverse libremente, pero vibran más, chocando entre sí y transmitiéndose su energía. El calor puede transmitirse de otras dos formas. Los objetos calientes transmiten el calor por radiación: emiten por el aire unos rayos invisibles llamados infrarrojos (ver páginas 96-97). En los líquidos y los gases, el calor se transmite por convección.

Energía elevada
La llama calienta el extremo de la barra de metal y hace que sus partículas vibren rápido.

La energía sube
Las partículas del metal chocan entre sí, haciendo que la energía pase de las partes más calientes a las más frías.

Al rojo vivo
La barra caliente emite rayos invisibles (radiación infrarroja), y las partes más calientes producen luz roja o amarilla.

Calor y temperatura

La temperatura de un objeto es lo frío o caliente que está. Pero la cantidad de energía térmica que tiene algo depende también de su masa. Los objetos con más masa almacenan más energía térmica. Hay más energía térmica almacenada en un iceberg glacial que en una taza de té hirviendo. Esto es porque, aunque las partículas del iceberg se mueven menos rápido, en el iceberg hay muchas más partículas.

Iceberg frío y enorme

Taza de té caliente y pequeña

Corrientes de convección

Los fluidos (líquidos y gases) se mueven libremente. Si los calientas en una parte, sus partículas se mueven más rápido y el fluido caliente se expande, ocupando más espacio y volviéndose menos denso. El fluido calentado empieza a subir, y el fluido más denso y frío ocupa su lugar. Este ciclo, en que el fluido caliente sube y el frío baja, es una corriente de convección. Se repite hasta que todo tiene igual temperatura.

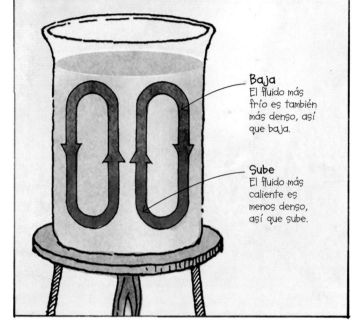

Baja
El fluido más frío es también más denso, así que baja.

Sube
El fluido más caliente es menos denso, así que sube.

Frío
En el extremo que está frío, las partículas también vibran, solo que no con tanta energía.

Barra metálica
La barra es de metal, un buen conductor del calor.

Mango aislado
Unos materiales son mejores conductores del calor que otros. Los materiales que son malos conductores se llaman aislantes, ¡y pueden ser muy útiles!

Ondas sonoras

Cualquier sonido, ya sea un susurro o un golpe, sale de objetos que vibran rápidamente. Si pulsas la cuerda de una guitarra, esta vibra alterando el aire que la rodea: lo expande y lo comprime muchas veces por segundo. A su vez, el aire expandido y comprimido altera el aire contiguo, de manera que la alteración viaja a modo de ondas invisibles que se extienden en todas direcciones, como las ondas en un estanque.

La música de los mamuts

Este mamut expulsa aire por la trompa y el aire que sale hace vibrar la piel de esta. Eso altera el aire que la rodea y transmite una onda sonora por el aire. ¡Estas ondas tienen grandes cantidades de energía y emiten un sonido fuerte, lo suficiente como para hacer que a cualquiera que lo oiga se le pongan los pelos de punta!

Trompa atronadora
La trompa vibrante de los mamuts produce un sonido grave y atronador.

El aire que rodea la trompa se altera.

Sonido chirriante
El chirrido agudo de la musaraña elefante, más discreto, sale de ondas más pequeñas que están más juntas entre sí.

Observar las ondas sonoras

Las ondas sonoras suelen representarse con líneas onduladas. La forma de la línea muestra cómo es el sonido: si es fuerte o flojo, un chillido agudo o un estruendo grave.

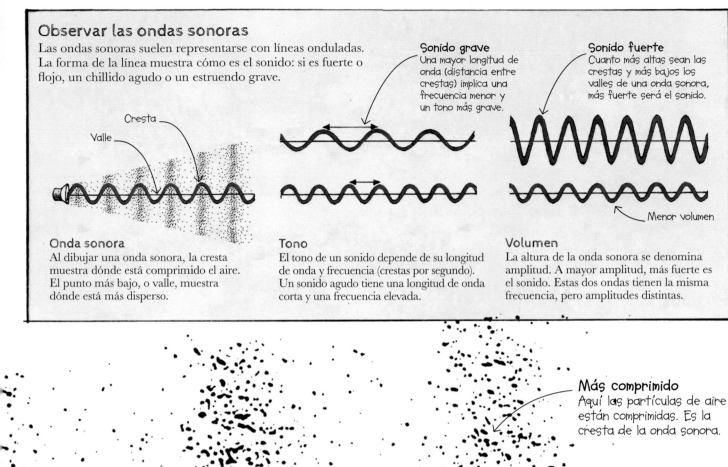

Cresta

Valle

Sonido grave
Una mayor longitud de onda (distancia entre crestas) implica una frecuencia menor y un tono más grave.

Sonido fuerte
Cuanto más altas sean las crestas y más bajos los valles de una onda sonora, más fuerte será el sonido.

Menor volumen

Onda sonora
Al dibujar una onda sonora, la cresta muestra dónde está comprimido el aire. El punto más bajo, o valle, muestra dónde está más disperso.

Tono
El tono de un sonido depende de su longitud de onda y frecuencia (crestas por segundo). Un sonido agudo tiene una longitud de onda corta y una frecuencia elevada.

Volumen
La altura de la onda sonora se denomina amplitud. A mayor amplitud, más fuerte es el sonido. Estas dos ondas tienen la misma frecuencia, pero amplitudes distintas.

Más comprimido
Aquí las partículas de aire están comprimidas. Es la cresta de la onda sonora.

Menos comprimido
Aquí las partículas de aire están más dispersas. Es la depresión de la onda.

Dejar pasar la luz

La mayoría de los objetos sólidos son opacos –es decir, bloquean toda la luz–, pero algunos materiales permiten que pasen las ondas de luz. Los materiales translúcidos dejan pasar parte de la luz, pero la dispersan en todas direcciones. Los materiales transparentes permiten que la luz pase directamente.

Opaco
La musaraña elefante no es visible si se esconde tras una cartulina blanca. Esta bloquea toda la luz.

Translúcido
Tras el papel de calcar, la musaraña elefante es visible, pero la vemos borrosa.

Transparente
Una lámina de cristal deja pasar toda la luz. La musaraña elefante es claramente visible.

La luz

Esta sombra enorme puede parecer un mamut lanudo, pero es solo un efecto de la luz. La luz es una forma de energía que podemos ver. Solo viaja en línea recta, o en forma de rayos, así que los objetos sólidos proyectan sombras cuando bloquean la trayectoria de la luz. Podemos ver los objetos gracias a la luz que rebota contra ellos.

Juego de sombras

Un grupo de musarañas elefante están haciendo sombras chinescas y proyectan en la pared la sombra de un mamut. Las sombras son oscuras, pero no del todo negras porque les llega algo de la luz que se refleja en otros objetos.

Pon una pose
Tres musarañas elefante están bloqueando parte de la luz de la linterna.

Haz brillante
Las fuentes de luz, como esta linterna eléctrica, producen su propia luz.

Grande y difuminado
La sombra es mucho más grande que las musarañas. Se debe a que están cerca de la fuente de luz y lejos de la pared, y a que los rayos de luz se dispersan al viajar.

Pequeña y definida
La musaraña que está más lejos de la fuente de luz proyecta una sombra más pequeña y mucho más definida.

Bajo los focos
Los objetos que están en el haz de luz son visibles porque la luz rebota en ellos y llega a tus ojos.

Reflexión

La mayoría de las cosas reflejan la luz: vemos un objeto cuando la luz rebota en él y se introduce en nuestros ojos. La superficie lisa y brillante de un espejo refleja la luz de un modo específico, creando un reflejo, o imagen invertida. Este mamut ha visto varios reflejos curiosos en la sala de los espejos.

Mamuts deformes

Estos tres espejos muestran tres reflejos, pero ¿por qué dos de los reflejos están tan distorsionados? En el espejo plano, el reflejo es el de una imagen espejo perfecta porque todos los rayos de luz se reflejan en la misma dirección. Pero los espejos de la derecha y de la izquierda son curvos, alargando y encogiendo el reflejo del mamut.

Cómo funcionan los espejos

Los espejos, los metales y otras superficies brillantes crean reflejos porque la luz rebota en ellos de una forma muy regular. Eso se conoce como reflexión especular. Cuando la luz rebota en una superficie irregular, se dispersa en todas direcciones. Eso se llama reflexión difusa.

Superficie irregular   Superficie lisa

Rebote

Cuando los rayos de luz golpean una superficie irregular, como un papel, se reflejan en muchas direcciones. Pero si proyectas una luz sobre una superficie plana y brillante, como un espejo, los rayos de luz se reflejan todos en la misma dirección.

Rayo incidente

Ángulo del rayo incidente

Superficie reflectante

Ángulo del rayo reflejado

Rayo reflejado

Ley de la reflexión

Los espejos reflejan la luz de una manera regular porque los rayos de luz siempre rebotan en ellos con el mismo ángulo con el que han llegado. Eso se conoce como ley de la reflexión.

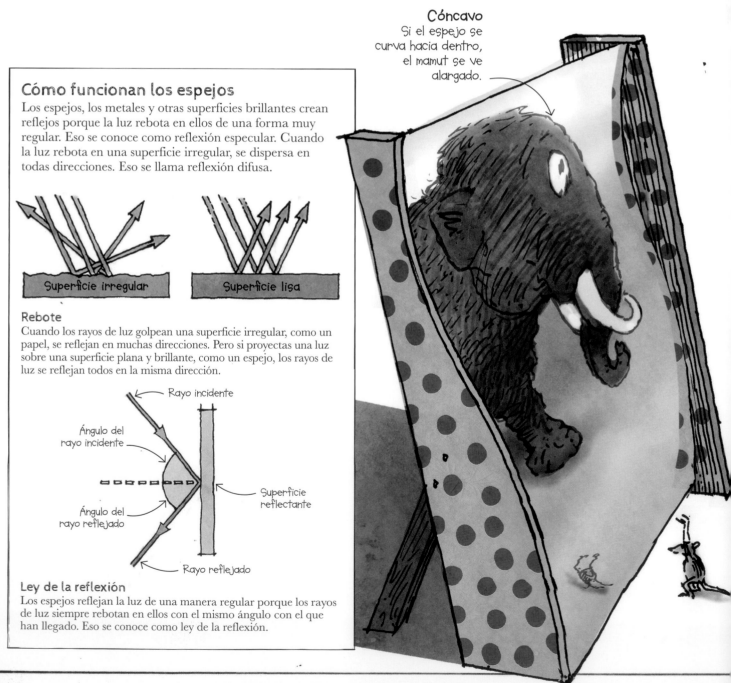

Cóncavo
Si el espejo se curva hacia dentro, el mamut se ve alargado.

Imagen inversa

Si te miras en un espejo, ves una imagen invertida de ti mismo. Pero parece que la imagen está detrás del espejo. Se debe a que los rayos de luz que penetran en tus ojos, parece que proceden de detrás del espejo. La imagen de un objeto reflejada en un espejo se llama imagen virtual, y la distancia entre el espejo y el reflejo es la misma que la que hay entre el objeto y el espejo.

Rayo incidente

Rayo reflejado

Imagen virtual

Parece que la luz salga de detrás del espejo

Convexo
Si el espejo se abomba hacia fuera, el mamut se ve encogido.

Curvado
Aquí el espejo es cóncavo, por lo que la imagen del mamut se alarga.

Luz que viaja

La musaraña elefante ve la trompa del mamut porque algunos rayos de luz que se reflejan en ella viajan hasta sus ojos.

Luz que se desvía

Al pasar del agua al aire, la luz se refracta.

Posición aparente de la trompa

Trompa torcida

La trompa del mamut es recta, pero la musaraña elefante la ve torcida. Se debe a que la luz se refracta al pasar del agua al aire. El cerebro de la musaraña interpreta que la luz viaja en línea recta, de modo que le parece que la trompa está mucho más cerca de la superficie de lo que realmente está.

Distorsionada

La trompa parece estar en una posición distinta a causa de la refracción de la luz.

Velocidad de la luz

La luz viaja más rápido por el aire que por el agua. Así que al pasar del agua al aire, los rayos de luz se aceleran, lo que provoca que cambien ligeramente de dirección o que parezca que se inclinan. La inclinación de la luz al pasar de una sustancia a otra depende de la velocidad a la que viaje en ambos materiales.

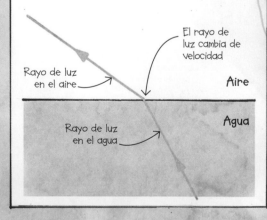

El rayo de luz cambia de velocidad

Rayo de luz en el aire

Aire

Rayo de luz en el agua

Agua

Posición real de la trompa

Refracción

La luz viaja en línea recta, pero a veces se desvía o refracta. La refracción se produce porque los rayos de luz viajan a distintas velocidades a través de las sustancias diferentes. Viajan rápido por el aire, pero disminuyen la velocidad cuando lo hacen por el agua o el cristal. La refracción puede provocar efectos ópticos, distorsionando lo que vemos, pero también puede ser muy útil.

Efectos de la luz

Cuando la luz se refracta, puede engañar al cerebro haciéndole creer que ve algo que no es real. Si metes un lápiz en un vaso de agua, parecerá que está doblado aunque no lo esté. Los lentes son piezas de cristal o de plástico transparente con una forma determinada que provocan este tipo de efectos ópticos.

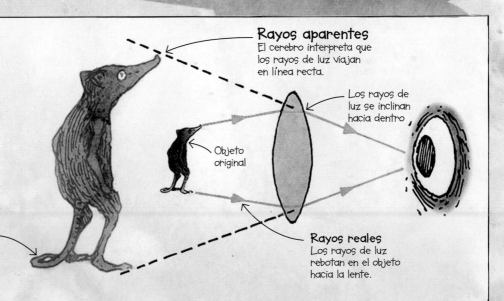

Lente de aumento
La lupa tiene una lente convexa, es decir, abombada por el centro.

¡Enorme!
La musaraña elefante tras la lupa parece enorme a causa de cómo se refracta la luz al pasar a través de la lente.

Lente convexa

Cuando los rayos de luz de un objeto se desplazan a través de una lente convexa, se inclinan hacia dentro y convergen (se juntan) al otro lado de la lente. Eso hace que parezca que los rayos de luz proceden de un objeto mucho más grande, haciendo que dicho objeto parezca mucho más grande de lo que realmente es.

Imagen virtual
La imagen vista a través de la lente se llama imagen virtual.

Rayos aparentes
El cerebro interpreta que los rayos de luz viajan en línea recta.

Los rayos de luz se inclinan hacia dentro

Objeto original

Rayos reales
Los rayos de luz rebotan en el objeto hacia la lente.

Luz blanca

La luz del Sol que se cuela por la puerta puede parecer blanca, pero en realidad es una mezcla de muchos colores distintos de luz. Cuando la luz blanca atraviesa un prisma de cristal, los colores se separan dibujando un arcoíris llamado espectro visible. El espectro incluye un número infinito de colores, pero nuestros ojos son capaces de identificar solo siete: rojo, naranja, amarillo, verde, azul, añil y violeta.

Crear un arcoíris

Al pasar a través de un prisma de cristal, la luz blanca se refracta (se inclina; ver página 90), al pasar del aire al cristal y de nuevo al aire. Cada color de luz se inclina de un modo determinado, así que los colores se dispersan. Las gotas de lluvia pueden funcionar también como prismas: así es como se forman los arcoíris.

Prisma
Un prisma es un bloque de cristal sólido y triangular.

Luz blanca

Luz refractada
Cuando la luz pasa del aire al cristal, los rayos de luz se inclinan y se propagan.

Longitudes de onda de la luz

La luz viaja en forma de ondas. La longitud de onda de la luz (la distancia entre dos crestas) determina el color que vemos. La luz roja tiene la longitud de onda más larga, mientras que la violeta tiene la más corta. Cuanto más corta es la longitud de onda, más se inclina la luz al pasar a través del prisma, lo que hace que los colores se separen.

Violeta

Añil

Azul

Verde

Amarillo

Naranja

Rojo

Pantalla de proyección
El mamut lleva una sábana blanca para reflejar todos los colores de luz.

Violeta
Es el color con la longitud de onda más corta y el que más se inclina.

Rojo
Es el color con la longitud de onda más larga y el que menos se inclina.

Colores infinitos
Podemos ver siete colores, pero el espectro incluye muchísimos más, cada uno con una longitud de onda distinta.

Los colores

El mundo está lleno de color. Los objetos deben su color a la manera en la que reflejan la luz, tanto el pelaje del mamut, de color marrón intenso, como el verde brillante de la piel del melón. Los pigmentos de cada superficie absorben la luz de algunos colores y reflejan la de otros.

Luz solar
La luz del Sol parece blanca, pero en realidad se compone de todos los colores del arcoíris.

Delicioso melón
El mamut puede ver el melón porque la luz rebota en él y parte de esa luz penetra en los ojos del mamut. La luz que llega al melón es una mezcla de todos los colores del arcoíris. Pero los pigmentos de la piel del melón absorben la luz de todos los colores menos la del verde, de manera que solo se refleja la luz de ese color.

Luz verde
Solo la luz verde se refleja en los ojos del mamut, por eso el melón se ve verde.

Absorbidos
Los pigmentos de la piel del melón absorben todos los colores menos el verde.

Mezcla de colores
Algunos pigmentos reflejan una mezcla de distintos colores. Los objetos rosas reflejan mucha luz roja y una pequeña cantidad del resto de los colores.

Blanco y negro

Las superficies que reflejan todos los colores se
ven blancas cuando una luz blanca las ilumina.
Las superficies que absorben todos los colores se
ven negras. Algunas superficies absorben y reflejan
parte de la luz de todo el espectro y se ven grises
bajo una luz blanca.

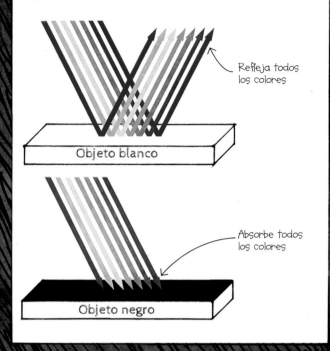

Refleja todos
los colores

Objeto blanco

Absorbe todos
los colores

Objeto negro

Bajo distintas luces

El aspecto de los objetos puede variar mucho en función
de la luz bajo la que los vemos. Bajo una luz blanca,
una superficie roja refleja solo la luz roja y una
superficie verde solo la luz verde. Pero una fuente de
luz roja contiene solo luz roja, de modo que el objeto
verde parece negro, porque absorbe la luz roja y no
hay ninguna luz verde que reflejar.

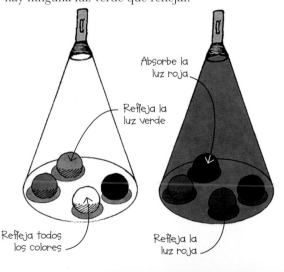

Absorbe la
luz roja

Refleja la
luz verde

Refleja todos
los colores

Refleja la
luz roja

Electro-magnetismo

La luz que vemos a nuestro alrededor es un tipo de onda que transporta una energía llamada radiación electromagnética. Cada color de luz tiene una longitud de onda distinta: la roja tiene la más larga y la violeta, la más corta. Existen otros tipos de radiación electromagnética que no podemos ver, que tienen una longitud de onda más larga o más corta que las de la luz visible.

Imagen infrarroja

Los infrarrojos son un tipo de radiación electromagnética con una longitud de onda más larga que la luz visible. Todos los objetos producen infrarrojos: nuestros ojos no pueden verlos, pero los notamos en forma de calor. Esta cámara de imágenes térmicas detecta el calor y muestra la longitud de onda de los infrarrojos en la pantalla con distintos colores. El mamut de sangre caliente se ve de color rojo mientras que el frío helado se ve negro.

Espectro electromagnético

El espectro electromagnético lo forma el conjunto de los distintos tipos de ondas electromagnéticas. Todas viajan a la velocidad de la luz, pero tienen distintas longitudes de onda (la distancia entre dos crestas), lo que les proporciona propiedades muy distintas. Cuanto más corta es la longitud de onda, más energía se transmite.

Cuerpo caliente, tentempié frío

El mamut desprende muchos infrarrojos; el helado, muy pocos.

Poca energía

Las ondas con una longitud de onda más larga transmiten menos energía.

Ondas de radio

Las ondas electromagnéticas más largas son las ondas de radio, que son las que transmiten menos energía. Las señales de radio y televisión usan las ondas de radio, al igual que los sistemas de navegación por satélite.

Microondas

Las ondas de radio más cortas se llaman microondas. En un horno microondas, las potentes microondas hacen que las moléculas de los alimentos se muevan más rápidamente, calentando y cocinando la comida.

Infrarrojos

Los átomos de todos los objetos vibran constantemente y dicho movimiento genera radiación infrarroja. Cuanto más caliente está el objeto, más rápido vibran las partículas y más radiación infrarroja emite.

Ver los infrarrojos

La cámara detecta las longitudes de
onda de los infrarrojos y las representa
en la pantalla con distintos colores, del
rojo (más caliente) al negro (más frío).

Mucha energía

Las ondas con una longitud
de onda corta son las que
transmiten más energía.

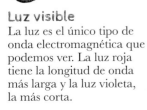

Luz visible

La luz es el único tipo de
onda electromagnética que
podemos ver. La luz roja
tiene la longitud de onda
más larga y la luz violeta,
la más corta.

Ultravioleta

Las longitudes de onda que son
más cortas que la luz violeta
visible se llaman ultravioletas
(UV). Los rayos UV procedentes
del Sol pueden dañar nuestros
ojos y nuestra piel.

Rayos X

Estas ondas, con una longitud de
onda corta y mucha energía, se
usan para fotografiar el interior
de nuestro cuerpo. Viajan a
través de los tejidos blandos, pero
son absorbidos por los huesos.

Rayos gamma

Los rayos gamma tienen la
longitud de onda más corta y
son los que transmiten más
energía. Proceden de materiales
radiactivos y estrellas masivas
que explotan en el espacio.

Electricidad estática

Las diminutas partículas de carga negativa que hay dentro de los átomos se llaman electrones. Los electrones pueden moverse y desplazarse de un objeto a otro. Cuando se acumulan en un lugar, los objetos adquieren una carga eléctrica «estática».

Diversión en la feria

Las musarañas elefante se sirven de la ciencia para instalar una atracción de feria. Al restregar los globos contra el pelo hirsuto del mamut, los electrones del pelo se transfieren al globo. Eso crea una carga negativa que permite que los globos se peguen a la pared como por arte de magia. Es ideal para jugar a lanzar dardos contra los globos.

Los opuestos se atraen

Las cargas positivas y las negativas se atraen entre sí, pero las cargas iguales se repelen (se separan). La carga negativa de un globo cargado aparta las cargas negativas del interior de la pared, dejando la superficie de la pared con una carga positiva. La carga positiva y la carga negativa se atraen, haciendo que el globo quede pegado a la pared.

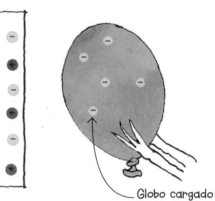

Globo cargado
El globo ha adquirido electrones y tiene una carga negativa.

Atracción
El globo cargado negativamente es atraído por la carga positiva que se ha acumulado en la pared.

Cargas estáticas

Cuando los electrones se desplazan de un objeto a otro, crean cargas estáticas. Los objetos que adquieren electrones quedan cargados negativamente, y los que pierden electrones, quedan cargados positivamente. La atracción entre las cargas estáticas positivas y negativas explica que el globo cargado se quede pegado a la pared y también que los nubarrones liberen rayos.

Carga positiva

Carga negativa

Carga opuesta
La base de la nube, cargada negativamente, crea una carga positiva en el suelo.

Rayo
Una serie de cargas saltan entre la nube y el suelo, y liberan grandes cantidades de luz y calor.

¡Rayos y relámpagos!
En una nube de tormenta hay cristales de hielo y gotas de agua, que chocan entre sí. Eso crea cargas estáticas en la nube y hace que se acumule una carga en el suelo que hay debajo. La gran atracción entre la base de la nube y el suelo acaba descargándose en forma de rayos. Las descargas entre nubes son relámpagos y no llegan al suelo.

Atracción
Las cargas negativas de la base de la nube y las cargas positivas del suelo se atraen entre sí.

¡Hay que tener buen pulso!

El objetivo de este juego electrizante consiste en recorrer todo el circuito de alambre en forma de mamut con el aro, pero de forma que el aro nunca toque el alambre. Mientras no se tocan, el circuito no está cerrado y la corriente no puede circular. Pero hace falta tener buen pulso; en cuanto la musaraña elefante tiene un lapsus y el aro toca el alambre, la corriente circula y la bombilla se enciende.

Se tocan
Cuando el aro toca el alambre, el circuito se cierra y la bombilla se enciende.

Conductor
Los metales como este alambre de cobre son conductores, es decir, la corriente eléctrica puede circular a través de ellos.

Aislante
La mayoría de los materiales, como el revestimiento de plástico de este cable, no conducen la electricidad.

Fuente de alimentación
La pila proporciona la energía que impulsa los electrones por el circuito.

Corriente eléctrica

La electricidad impulsa nuestra vida: desde las bombillas hasta los teléfonos móviles, y desde los electrodomésticos hasta los coches eléctricos. La corriente eléctrica que circula por todos estos dispositivos es un flujo de partículas cargadas negativamente, los electrones. Una corriente solo puede circular cuando hay una vía o circuito cerrado y completo por el que desplazarse, y una fuente de alimentación, como una pila, que haga que los electrones se muevan.

Sin corriente
Esta parte del alambre, que queda fuera del punto donde el aro toca al mamut, no forma parte del circuito, así que la corriente no puede circular por ella.

Bombilla encendida
Los electrones en movimiento transfieren la energía almacenada en la pila a la bombilla, iluminándola.

Dentro del alambre

En un alambre metálico, algunos de los electrones pueden moverse libremente. Si el alambre se conecta a una pila formando un circuito completo y cerrado, dichos electrones se moverán todos en la misma dirección: desde el extremo negativo de la pila hacia el extremo positivo. Este flujo de electrones se llama corriente eléctrica.

Sin corriente
Los electrones se mueven aleatoriamente en todas direcciones.

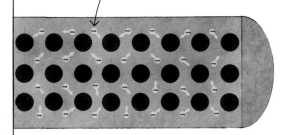

Corriente fluida
Cuando el alambre forma parte de un circuito, todos los electrones se mueven en la misma dirección.

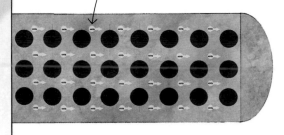

Magnetismo

Estos imponentes mamuts tiran con todas sus fuerzas, pero no consiguen vencer la atracción entre estos dos imanes gigantes. El magnetismo es una fuerza invisible que puede atraer o repeler objetos sin tocarlos.

Fuerzas en acción

Los imanes en forma de herradura tienen forma de U, pero al igual que el resto de los imanes, tienen dos extremos o polos. El polo norte suele pintarse de rojo y el sur, de azul. Dependiendo de cómo se alineen los polos, los imanes se atraen o se repelen entre sí.

Los opuestos se atraen
Estos dos imanes tienen los polos opuestos alineados, por eso están pegados entre sí.

Polo norte   Polo sur

Materiales magnéticos

Los materiales que son atraídos por los imanes se llaman materiales magnéticos. Entre ellos están los metales como el hierro, el níquel, el cobalto y el acero. Si se colocan dentro de un campo magnético, se magnetizan temporalmente, adquiriendo un polo norte y un polo sur.

Clavos de hierro
Estos clavos de hierro se comportan como imanes en miniatura cuando están cerca del imán en forma de herradura.

Barrera invisible

Estos dos paquidermos intentan juntar los imanes, pero ahora los polos están alineados norte con norte y sur con sur, así que los imanes se repelen entre sí. La fuerza magnética invisible hace que los dos imanes no se toquen.

Pegados entre sí

Cuando los polos opuestos de dos imanes se colocan cerca, se atraen entre sí. Se unen y, por mucho que se esfuercen, los mamuts no son capaces de separarlos.

Cómo funcionan los imanes

Los imanes están rodeados de un campo magnético invisible, la zona en la que el imán ejerce su fuerza. Si pones un objeto compuesto de materiales magnéticos en dicho campo, será atraído por el imán. Los campos magnéticos se representan con líneas de campo: cerca de los polos, donde el campo es más fuerte, se dibujan más juntas.

Imán de herradura

Los polos de este imán están cerca el uno del otro. El campo magnético es más fuerte entre los polos.

Líneas de campo

Barra magnética

Su fuerza magnética es más fuerte en los dos extremos.

Los campos se extienden de norte a sur

Los iguales se repelen

Los dos mamuts empujan con todas sus fuerzas, pero no consiguen juntar los imanes.

Fuerzas

Tira y afloja

Cuando actúan dos o más fuerzas, se combinan actuando como una única fuerza. Si las fuerzas son iguales pero actúan en sentido opuesto, se anulan entre sí y no ocurre nada. Los dos mamuts que participan en este tira y afloja tiran fuerte, pero la fuerza global es cero, hasta que algunos compañeros de equipo les echan una mano.

Punto muerto

Dos mamuts tiran con la misma fuerza, pero en sentido opuesto. Las fuerzas se anulan entre sí, así que ninguno se mueve.

Fuerzas equilibradas

Ambos mamuts tiran con una fuerza de 1000 N, así que la fuerza global es de 0 N.

1000 newtons   1000 newtons

Las fuerzas

Una fuerza consiste en empujar o tirar. La fuerza no puede verse, pero sí se ve el resultado: las fuerzas pueden cambiar la velocidad o la dirección de un objeto en movimiento, o ralentizarlo hasta que se detiene. También pueden alargar o encoger un objeto haciendo que cambie de forma. Aquí los mamuts usan sus músculos para tratar de ejercer una fuerza que haga caer al otro.

1000 newtons   1020 newtons

Músculos fuertes
Los músculos del mamut ejercen una fuerte fuerza de tracción.

Tipos de fuerzas
Los científicos distinguen dos tipos principales de fuerzas: las fuerzas de contacto y las fuerzas a distancia. Las fuerzas de contacto solo se aplican cuando dos o más cosas se tocan, mientras que las fuerzas a distancia actúan cuando están separadas.

Fuerza de contacto
El pie contacta con el balón haciendo que se mueva.

Fuerza a distancia
La gravedad tira de la manzana sin tocarla.

Fuerzas en acción
Cuando chutas un balón ejerces una fuerza que hace que el balón se mueva. La gravedad que devuelve el balón al suelo también es una fuerza, como lo es la fuerza que ejerce el suelo hacia arriba impidiendo que el balón se hunda.

Medición de la fuerza
Los científicos usan una unidad llamada newton (N) para medir la fuerza. Un newton es más o menos la fuerza necesaria para levantar una manzana pequeña. Podemos usar un dinamómetro para medir algunas fuerzas.

Fuerza de tracción
La fuerza de gravedad tira de la manzana, que alarga el muelle.

Fuerzas descompensadas
La fuerza en este sentido es mayor, y las fuerzas están descompensadas.

Una ayudita
Las musarañas elefante aportan una fuerza de tracción adicional.

¡Tenemos un ganador!
Tiran con más fuerza en un sentido que en el otro, de modo que las fuerzas están descompensadas. La fuerza global de 20 N hace que ambos mamuts se desplacen por el suelo.

Fuerza conjunta
Cuando dos fuerzas separadas actúan en la misma dirección, se combinan y actúan como una única fuerza.

Mamuts triturados

Para hacer un mamut de arcilla, estas musarañas elefante tienen que usar fuerzas deformantes. Solo así lograrán que tenga la forma correcta. Estrujan y extienden la arcilla, la retuercen y la doblan, hasta obtener un mamut perfecto. Luego, aplicando esas mismas fuerzas, puedes obtener formas disparatadas.

Moldear un mamut
Si moldeas la arcilla, luego no vuelve a su forma original.

Tensión
Si tiras de un material por ambos extremos, se dice que está en tensión. Si ejerces una fuerza de tensión, el material se estira, incluso si se trata de algo que parece sólido. Si un perro tira de la correa, por ejemplo, esta se estira.

Compresión
Al empujar un objeto por los dos extremos se genera una fuerza deformante llamada compresión. Esta aplasta el objeto, haciendo que sea más corto. Las patas de una silla se hacen ligeramente más cortas cuando alguien se sienta en ella.

Aplastamiento
El mamut comprimido se hace más pequeño por donde es aplastado y sobresale por los lados.

Alargamiento
Si tiras de los extremos, tendrás un mamut alto y delgado.

Fuerzas deformantes

Las fuerzas pueden hacer que las cosas se muevan, pero también pueden cambiar su forma. Cuando dos o más fuerzas actúan sobre un objeto, pueden estirarlo, aplastarlo, doblarlo o retorcerlo. Cada material responde de un modo distinto frente a las fuerzas deformantes. Algunos recuperan su forma y tamaño originales: se llaman materiales elásticos. Los materiales que se quedan deformados se describen como plásticos. Sin embargo, aplicando la fuerza suficiente, todos los materiales acaban rompiéndose.

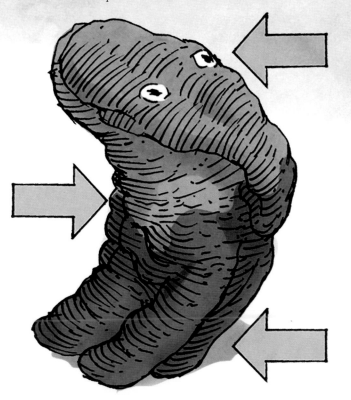

Retorcido
La parte delantera de la figura se gira en un sentido y la parte trasera en el otro.

Torsión

Las fuerzas pueden hacer girar un objeto. Si las fuerzas de rotación van todas en la misma dirección, el objeto simplemente rota. Pero si le empujan o tiran de él en sentidos opuestos, provocan una torsión, que retuerce el objeto. Usas la torsión cuando escurres una bayeta.

Flexión

Si se aplican dos o más fuerzas en lugares diferentes y en direcciones distintas, se puede hacer que un objeto se doble. Incluso cosas que no consideramos flexibles se inclinan ligeramente, como un edificio alto cuando hace viento o un puente cuando estás en él.

Cómo se deforman los materiales

La arcilla de moldear es un material plástico: conserva la nueva forma incluso cuando las fuerzas deformantes dejan de actuar. Muchos materiales son elásticos, es decir, recuperan su forma y tamaño originales. Los metales son elásticos hasta cierto punto: si los estiras o aplastas con mucha fuerza, quedan deformados para siempre o incluso se rompen.

Elasticidad

Un muelle de metal se estira cuando se le aplica una fuerza y luego, cuando se elimina la fuerza, vuelve a su forma original. Pero si aplicas una fuerza excesiva y lo estiras demasiado, permanece estirado para siempre. El punto de no retorno se llama límite elástico de un material.

Materiales frágiles

La mayoría de los materiales se acaban rompiendo si se les aplica la fuerza suficiente. Algunos materiales frágiles, como el vidrio y la cerámica, alcanzan el punto de ruptura sin llegar a deformarse apenas. Si una taza de cerámica se cae sobre una superficie dura, se rompe o resquebraja.

Velocidad

Para un científico, la palabra aceleración no significa «ir más rápido», sino cambio en la velocidad de un objeto. La velocidad es la rapidez con la que algo va en una dirección determinada. Un objeto en movimiento está acelerando si va más rápido o más lento, o si se mantiene a una velocidad constante pero cambia de dirección. Por ejemplo, los objetos que se mueven en círculo pueden tener una velocidad constante, pero como están cambiando constantemente de dirección, su velocidad cambia y están acelerando.

Bola oscilante
La bola está atada a una cuerda. La tensión de la cuerda tira de la bola hacia dentro, lo que hace que describa un círculo.

Cambio de velocidad
La bola se mueve a un ritmo constante, pero como no se mueve en línea recta, su velocidad cambia constantemente.

¿Mejor al revés?
Si se intercambian y el mamut empuja a la musaraña, la aceleración será mucho mayor.

FUERZA

ACELERACIÓN

Fuerza y masa
El empujón de la musaraña elefante aumenta la velocidad del carro en el que va sentado el mamut. Compara su aceleración con la de los otros dos carros que participan en la carrera.

Dobla la masa
Si en el carro van dos mamuts, hay el doble de masa. Una musaraña elefante empujando a dos mamuts produce la menor aceleración. No es una combinación ganadora.

Quedar rezagado
La musaraña elefante tendría que empujar cuatro veces más fuerte para seguir el ritmo del carro ganador.

ACELERACIÓN

FUERZA

Aceleración

Si quieres que algo vaya más rápido, tienes que empujarlo o tirar de ello. La rapidez con la que cambia la velocidad de un objeto –su aceleración– depende del tamaño de la fuerza. En esta carrera, los carros que llevan a los mamuts son empujados por enérgicas musarañas elefante. Los carros aceleran mientras las musarañas sigan empujando. El carro que más acelere alcanzará una mayor velocidad y ganará la carrera. Pero cuidado, las condiciones no son iguales para todos.

Aumentar las opciones
Si el mamut adelgazara, la próxima vez aceleraría todavía más rápido.

Impulsores de mamuts

Solo puede haber un ganador en esta carrera de mamuts. Esto se debe a que la aceleración de un objeto no depende únicamente de la fuerza aplicada, sino también de la masa del objeto. Si empujas dos objetos con distinta masa con la misma fuerza, el más ligero acelerará más rápidamente. Pero si ambos objetos tienen la misma masa, entonces a mayor fuerza, mayor aceleración.

Dobla la fuerza
Dos musarañas elefante empujando a un único mamut consiguen la mayor aceleración, así que este carro gana la carrera con facilidad.

Cruzar la meta
Dos musarañas elefante empujan con el doble de fuerza que solo una.

FUERZA

FUERZA

ACELERACIÓN

¡Vamos allá! El último mamut choca con el que tiene delante.

Impulso

Un tren a toda máquina, una pelota rodando, un mamut balanceándose… algunos objetos son difíciles de detener cuando están en movimiento. Es porque llevan mucho impulso. Cuanta más masa tiene un objeto y más rápido va, más impulso lleva. Cuando un objeto en movimiento choca con algo, puede transferir su impulso, tal y como demuestran este grupo de valientes mamuts acróbatas.

Rumbo de colisión

Cinco mamuts están colgados de unos cables. Al último lo tiran hacia atrás y luego lo sueltan. Se desplaza por el aire y choca con los otros mamuts, que están parados. Al chocar, el último deja de moverse, pero su impulso se transfiere al resto de la fila, de un peso pesado a otro, hasta que el que está primero sale volando por los aires.

Pásalo

Los tres mamuts del medio no se mueven, pero pasan el impulso hasta el mamut que está delante.

¡Allá voy!

El impulso se transfiere al que está primero, que sale disparado hacia delante. Al volver hacia atrás, pasa lo mismo pero a la inversa.

Conservación del impulso

Cuando los objetos chocan, algunos se ralentizan o se paran, pero el impulso total es el mismo antes y después de la colisión. Eso se conoce como conservación del impulso. En el billar inglés, la bola blanca golpea las bolas rojas, haciendo que se muevan. Por separado, cada bola lleva menos impulso del que llevaba la bola blanca antes de chocar, pero todas juntas llevan el mismo.

Impulsos equivalentes

El impulso combinado de las bolas rojas es el mismo que el que tenía la bola blanca antes de chocar contra ellas.

Colisión

La bola blanca choca contra las rojas y hace que estas se muevan.

Acción y reacción

Cualquier fuerza del universo va acompañada de otra idéntica igual de fuerte que actúa en sentido opuesto. O dicho de otro modo, cada acción provoca una reacción igual pero opuesta. Las dos fuerzas son igual de fuertes pero actúan sobre objetos distintos y en sentido opuesto.

Reacción del cohete

Volando hacia el cielo desde el suelo, este mamut está usando la acción-reacción para desafiar a la gravedad. El motor cohete atado a la espalda del mamut produce una fuerza hacia arriba llamada impulso y lo hace emitiendo gas de alta presión en sentido opuesto. El impulso es suficiente para vencer la fuerza de la gravedad que normalmente mantiene al mamut pegado al suelo.

Mamut terrestre
Su propio peso lo mantiene pegado al suelo hasta que se le aplica una fuerza.

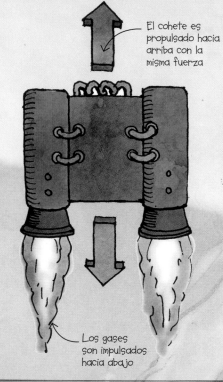

Acción y reacción en un cohete

La fuerza propulsora del cohete es un ejemplo de reacción igual y contraria. Cuando el combustible del cohete se quema, produce una gran cantidad de gas de escape caliente. El gas se expande y ejerce una presión sobre el interior del motor del cohete, y el motor a su vez ejerce una presión sobre el gas. Como resultado, el gas es empujado hacia abajo a gran velocidad, y el cohete es empujado hacia arriba con idéntica fuerza.

El cohete es propulsado hacia arriba con la misma fuerza

Los gases son impulsados hacia abajo

... tiene que volver a bajar
Cuando el cohete se queda sin combustible, el peso del mamut lo devuelve al suelo.

IMPULSO

Todo lo que sube...
El impulso es mayor que el peso del mamut, y este sale disparado hacia arriba.

PESO

En el suelo
También cuando el mamut está de pie en el suelo, se produce una acción y reacción. La gravedad atrae al mamut hacia la Tierra, pero también tira de la Tierra hacia el mamut con la misma fuerza.

La gravedad tira de la Tierra hacia el mamut

La gravedad atrae al mamut hacia la Tierra

Cómo funciona la gravedad

La gravedad es una fuerza que actúa entre dos objetos. La fuerza de gravedad es más fuerte cuanto más masa tienen los objetos y cuanto más cerca están estos entre sí.

Igual fuerza

Hay una fuerza equivalente en cada uno de los dos objetos, aunque sus masas sean distintas. El objeto más pequeño atrae al objeto enorme con exactamente la misma fuerza con la que el objeto grande atrae al más pequeño.

A mayor masa, más gravedad

El tamaño de la fuerza depende de la masa que tenga cada objeto. Si doblamos la masa de uno de los objetos, se doblará la gravedad entre ellos.

A mayor distancia, menos gravedad

La fuerza de gravedad es más débil cuanto más alejados están los objetos entre sí. Si se dobla la distancia, el tamaño de la fuerza es solo de una cuarta parte.

Gravedad

La gravedad es la fuerza que mantiene a la Luna en órbita alrededor de la Tierra, e impide que nosotros salgamos flotando al espacio. Actúa entre dos objetos cualesquiera, háciendo que se atraigan entre sí. Pero la gravedad es una fuerza débil, así que sus efectos solo se notan cerca de objetos con una masa enorme, como la Tierra. Cuanta más masa tiéne algo, mayor es la fuerza de gravedad.

Un salto gigante

La Luna tiene mucha menos masa que la Tierra, así que allí la fuerza de gravedad es mucho más débil. En la Luna un mamut podría saltar mucho más alto que en la Tierra, porque la fuerza que le atraería de vuelta a la superficie no sería tan fuerte. Sería un salto realmente gigante para alguien como un mamut.

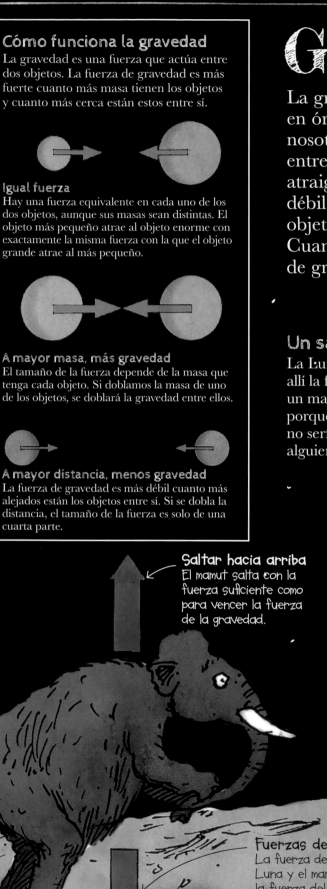

Saltar hacia arriba
El mamut salta con la fuerza suficiente como para vencer la fuerza de la gravedad.

Salto de gigante
En la Luna, el salto del mamut sería seis veces más alto que en la Tierra.

Fuerzas desiguales
La fuerza de gravedad entre la Luna y el mamut es menor que la fuerza del mamut hacia arriba.

Masa y peso

La masa es la cantidad de materia que tiene algo, mientras que el peso es una fuerza –cuánto atrae la gravedad a algo–. La masa del mamut es siempre la misma, tanto en la Tierra como en la Luna, pero su peso cambia dependiendo de la fuerza de gravedad.

El peso en la Luna

En la Luna, el mamut pesa una sexta parte que en la Tierra, porque la gravedad en la Luna es una sexta parte de fuerte que en la Tierra. Las básculas muestran lo que pesa en cada sitio, a pesar de que la masa del mamut es siempre la misma.

El peso en el espacio exterior

Si el mamut pudiera viajar fuera de la galaxia, lejos de cualquier planeta o estrella, habría tan poca gravedad que sería prácticamente ingrávido. Ninguna fuerza tiraría de su masa, así que la báscula no registraría nada.

Descenso
El mamut empieza a descender, atraído por la gravedad.

Tierra
La gravedad entre la Tierra y la Luna hace que la Luna orbite alrededor de la Tierra.

Alunizaje
El mamut vuelve a aterrizar suavemente.

Fricción

Si empujas o tiras de un objeto sobre una superficie, siempre habrá una fuerza que actúa en dirección contraria, frenándolo. Esta fuerza se llama fricción y se crea siempre que dos superficies se rozan. Cuando el mamut se desliza por el tobogán, la fuerza de fricción es floja, así que el mamut sigue acelerando. Pero cuando llega al suelo, la fricción aumenta, y la cosa ya no es tan divertida.

Tobogán
No se produce demasiada fricción entre la superficie lisa del tobogán y el trasero peludo del mamut, así que el mamut desciende atraído por la gravedad.

Cubo atascado
Las musarañas elefante se esfuerzan por vencer la fricción entre el cubo y el suelo.

Fricción cotidiana

Siempre que dos superficies se desplazan una sobre la otra, tiene lugar la fricción. A veces es muy útil: permite que los neumáticos se agarren a la carretera o que los frenos de una bicicleta funcionen, por ejemplo. En otras situaciones, la fricción interviene ralentizando las cosas. La fricción puede hacer asimismo que las máquinas sean menos eficaces y desgasta sus partes móviles. Poner una capa de líquido entre las partes móviles reduce la fricción y evita que los componentes se desgasten. Es lo que se conoce como lubricación.

Mayor agarre
Las suelas de los zapatos suelen ser de goma para que la fricción aumente y evitar así que resbalemos. Es la fricción la que nos permite impulsarnos hacia delante al andar.

Reducir la fricción
La cadena y las marchas de la bicicleta pueden atascarse. Si añadimos aceite, las superficies se deslizan mejor la una sobre la otra.

Superficies adherentes

Para que un objeto se mueva, tienes que empujarlo o tirar de él con la suficiente fuerza como para vencer la fricción. En la parte superior del tobogán, la gravedad hace descender al mamut. Pero en cuanto llega abajo, no hay ninguna fuerza que lo propulse hacia delante, así que cuando aumenta la fricción, la velocidad del mamut disminuye.

Aterrizaje forzoso
El mamut sigue moviéndose y aterriza en el suelo. Pero existe mucha fricción entre el mamut y el suelo duro, así que enseguida se detiene. Si en lugar de este suelo hubiera hielo resbaladizo, seguiría moviéndose más tiempo.

Primer plano
Todas las superficies tienen irregularidades, que son las que causan la fricción. Cuanto más irregular es la superficie, mayor fricción habrá.

Trasero caliente
La fricción produce calor, que procede de la energía del objeto en movimiento al disminuir la velocidad.

Turbulencia

Un objeto de forma irregular agita el aire, provocando un movimiento arremolinado llamado turbulencia, que genera más resistencia.

¡Pelos de punta!

Incluso el pelo del mamut aumenta un poco la resistencia. Al moverse a través del aire, cada pelo ofrece un poco más de superficie y el aire se opone al avance del mamut.

Oponer resistencia

Con su trompa y sus patas bamboleantes, y su cuerpo erguido, este mamut en movimiento ofrece muchas superficies para que el aire se oponga a su avance.

Tabla resbaladiza

No hay demasiada fricción entre el trineo y la pendiente nevada, así que el mamut se desliza hacia abajo.

Resistencia

Si quieres moverte a través del aire, tienes que apartarlo de tu camino. Cuando empujas el aire, este a su vez te empuja a ti con una fuerza denominada resistencia del aire o, simplemente, resistencia. Cuanto más grande es un objeto y cuanto más rápido se mueve, mayor es la resistencia, porque más cantidad de aire impacta sobre su superficie. La resistencia del aire actúa como la fricción: hace que el objeto en movimiento vaya más lento, del mismo modo que lo hace la fricción cuando dos superficies sólidas se rozan.

Carrera de resistencia

Estos dos mamuts se deslizan por la misma pendiente en dos trineos idénticos, pero uno va más rápido que el otro. El primero va sentado erguido, ofreciendo una gran superficie para que el aire se oponga, de modo que la resistencia disminuye su velocidad. El otro, sin embargo, ha tomado medidas para reducir la resistencia, lo que le da ventaja en la carrera.

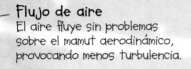

Flujo de aire
El aire fluye sin problemas sobre el mamut aerodinámico, provocando menos turbulencia.

Forma aerodinámica
Colocando la cabeza delante y escondiendo extremidades y trompa, este mamut crea una forma que atraviesa el aire con facilidad.

Superficie lisa
El material liso de este traje aerodinámico permite que el aire se mueva sobre él fácilmente, reduciendo la resistencia y la turbulencia.

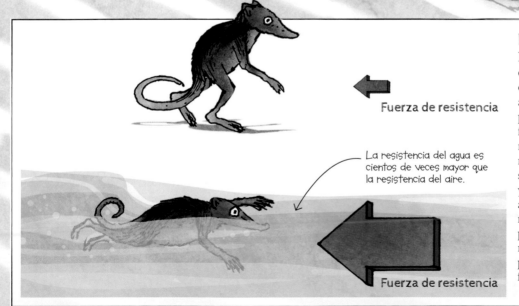

Resistencia al agua

Del mismo modo que un objeto que se mueve a través del aire experimenta la resistencia del aire, un objeto que se mueve por el agua o cualquier otro fluido también experimenta una resistencia. El agua es mucho más densa que el aire, así que se necesita mucha más fuerza, y más energía, para apartar el agua. Por eso cuesta mucho más moverse por el agua que por el aire, y por eso los barcos necesitan tener una proa puntiaguda (delante) y una forma aerodinámica.

Fuerza de resistencia

La resistencia del agua es cientos de veces mayor que la resistencia del aire.

Fuerza de resistencia

Si el mamut se sentara sobre un clavo, todo el peso de su cuerpo presionaría sobre una superficie muy pequeña: la punta afilada del clavo. El clavo atravesaría sin problema su piel, y quedaría incrustado en su trasero.

Presión alta
Todo el peso del mamut presiona una superficie diminuta.

Superficie de pinchos
La cama de clavos parece incómoda, pero cuantos más haya para soportar el peso del mamut, menor será la presión sobre cada uno de ellos.

Presión

Cuando una fuerza empuja, ejerce una presión. La presión es la cantidad de fuerza que se concentra en un sitio. La misma fuerza puede crear una presión elevada o escasa dependiendo de la superficie sobre la que actúa: cuanto más pequeña la superficie, mayor la presión. Así, las chinchetas y los clavos se clavan fácilmente en una superficie porque tienen la punta afilada, que concentra una fuerza de empuje en una superficie muy pequeña. Cuanto más afilada la punta, mayor es la presión.

Cama de clavos

¿Cómo es posible que el mamut parezca tan cómodo tumbado sobre todos esos clavos? Tal vez pienses que el pobre acabará pinchándose, pero en realidad, el peso del mamut queda repartido entre tantos clavos que la presión sobre cada uno de ellos es mínima. ¡Es hora de echar una cabezadita!

Dormir a gusto

En la cama de clavos, el peso del mamut se distribuye entre cientos de clavos, así que la presión que ejerce el mamut sobre cada uno de ellos es muy pequeña. Es posible yacer sobre una cama de clavos y salir indemne. Lo difícil, sobre todo para un mamut, es tumbarse y levantarse.

Repartir el peso

Ahora el peso del mamut se reparte entre una gran cantidad de clavos, así que la presión sobre cada uno de ellos es pequeña.

Presión de los fluidos

Los líquidos y gases también ejercen presión. Cuando soplas un globo, por ejemplo, el aire presiona hacia fuera y lo hincha. Los fluidos, además, se aplastan a causa de su propio peso. Y la presión es mayor cuanto más fluido hay presionando hacia abajo desde arriba. En una botella, la presión es mayor en la base que en la parte superior. Compruébalo haciendo varios agujeros en ella: el agua de la base saldrá por el agujero más rápidamente que la de arriba.

Solo sale un chorrito

Sale disparada a toda velocidad

Poca presión

Cerca de la parte superior hay poca agua ejerciendo presión.

Mucha presión

En la base, el peso de toda el agua que está encima ejerce una gran presión.

Presión hacia abajo
Las musarañas elefante tienen que empujar el pistón pequeño un buen trecho para levantar un poco el pistón grande.

Potencia del pistón
Un grupo de musarañas elefante no pueden levantar un mamut usando únicamente sus músculos, pero pueden lograrlo usando la fuerza hidráulica. El peso conjunto de varias musarañas empuja el pequeño pistón hacia abajo y la presión que ejerce sobre el líquido hace subir el otro pistón con la fuerza suficiente como para dejar a la vista la parte inferior del mamut para una limpieza rutinaria.

Presión del líquido
Al empujar hacia abajo, el pistón aumenta la presión sobre el líquido.

Hidráulica
Muchas máquinas usan la fuerza hidráulica, un sistema de tubos y cilindros llenos de líquido, que permite transferir fuerzas de un lugar a otro. Dentro de los cilindros hay unos discos móviles llamados pistones. Al empujar un pistón, la fuerza de empuje se transfiere a través del líquido, de modo que puede actuar en otro lugar. Los sistemas hidráulicos también pueden aumentar las fuerzas. Una fuerza aplicada sobre un pistón en un cilindro estrecho se multiplica convirtiéndose en una fuerza mucho más grande si ponemos un cilindro más ancho en el otro extremo.

Líquido bajo presión
Los líquidos no pueden comprimirse (apretarse en un espacio más pequeño), así que el líquido bajo presión empuja en todas direcciones.

Un empujoncito
El pistón grande se desplaza una distancia más corta que el pistón pequeño.

Empujar hacia arriba
Al ser más grande el pistón, la presión del líquido puede actuar sobre una superficie amplia, produciendo una fuerza suficiente como para levantar al mamut.

¡Pisa el freno!

Los frenos de un coche usan la fuerza hidráulica para transformar la pequeña fuerza que imprime el pie del conductor en una fuerza lo bastante grande para detener un pesado coche. Al pisar el pedal de freno transmite la presión a través del líquido hidráulico hasta los pistones, que empujan las pastillas de freno. Las pastillas presionan un disco de metal unido a las ruedas, y la fricción entre pastillas y discos hace que el coche disminuya la velocidad hasta detenerse.

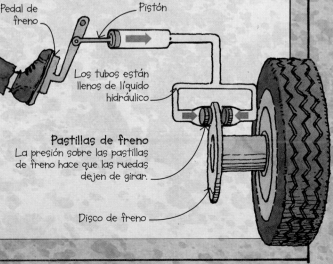

Pedal de freno

Pistón

Los tubos están llenos de líquido hidráulico

Pastillas de freno
La presión sobre las pastillas de freno hace que las ruedas dejen de girar.

Disco de freno

Flotador salvavidas

El flotador del mamut está lleno de aire, que es mucho menos denso que el agua.

¡Arriba y más allá!

Los objetos pueden flotar en los gases igual que en los líquidos. Este globo flota en el aire porque está lleno de helio, un gas que es menos denso que el aire.

Flotar

Para flotar con el cuerpo asomando sobre la superficie del agua, el mamut se ha puesto un flotador lleno de aire. El aire es muchísimo menos denso que el agua, por lo que la densidad conjunta es más baja y el mamut aumenta su flotabilidad.

Las fuerzas en los fluidos

Sobre un cuerpo que está en el agua actúan dos fuerzas: el peso del cuerpo y una fuerza llamada empuje. Al meter un cuerpo en el agua, este desplaza parte del agua. El agua empuja hacia arriba con una fuerza igual al peso del agua desplazada. Eso es el empuje. Si el cuerpo es más denso que el agua, su peso será mayor que el empuje y se hundirá. Si su densidad es menor que la del agua, el empuje será mayor y el cuerpo flotará.

El casco del barco contiene aire, lo que disminuye su densidad

Peso

El barco desplaza más agua, y produce más empuje

Empuje

Un pesado bloque de hormigón pesa más que la cantidad de agua que desplaza

Peso

Empuje

Flotación

¿Se hundirá o nadará el mamut? Depende de si sabe nadar. En realidad, que el mamut flote o no depende de su densidad: la cantidad de materia contenida en su cuerpo. Los objetos que son menos densos que el agua flotan, y los que son más densos se hunden.

Cambio de densidad

Los mamuts son mamíferos, y los mamíferos flotan. Eso se debe a que su cuerpo es un poco menos denso que el agua. En el agua, un mamut se movería con la cabeza fuera y el cuerpo sumergido. Si se pone un flotador o un cinturón de lastre, podrá sacar el cuerpo a la superficie o sumergirse hasta el fondo respectivamente.

Hundirse

Este mamut lleva un pesado traje de buceo y un cinturón de lastre. La densidad conjunta del mamut y su equipo es mayor que la densidad del agua, así que el mamut puede pasear por el lecho marino.

Cinturón de lastre

Las pequeñas pesas son de un metal muy denso.

Aleta de cola
Además del plano de cola, una pieza vertical llamada aleta de cola ayuda a mantener el avión estable.

RESISTENCIA

SUSTENTACIÓN

Plano de cola

Energía
En este avión, una goma enrollada hace girar la hélice.

Dominar el aire
Como le pasaría a un avión de papel, este avión cargado de musarañas necesitará ayuda para despegar. Pero una vez en el aire, la hélice le proporcionará el empuje para seguir desplazándose hacia delante. Este movimiento hacia delante hace que el ala corte el aire de tal forma (ver el panel) que la nave se mantiene en el aire.

PESO

Volar

Sobre todo lo que vuela, ya sea un jumbo o un avión de papel, actúan las mismas cuatro fuerzas. La sustentación es la fuerza que mantiene el avión arriba, mientras que el peso de la nave tira de ella hacia abajo. El empuje es la fuerza que impulsa el avión hacia delante, mientras que la resistencia lo frena. Para despegar, el empuje y la sustentación deben ser mayores que la resistencia y el peso. Una vez en el aire, si las fuerzas están equilibradas, el avión volará en línea recta a una velocidad constante.

Pilotos intrépidos
¿Es un pájaro? ¿Es un avión? ¡Son unas intrépidas musarañas elefante en una máquina voladora! Su balsa de madera es propulsada por una simple goma elástica: hacen girar a mano la hélice hasta que la goma ya no puede enrollarse más. Al soltar la hélice, la goma se desenrolla, haciendo girar rápidamente la hélice e impulsando el avión hacia delante.

Forma del ala
La sección del ala tiene una forma llamada plano aerodinámico.

Hélice
La hélice gira deprisa, y empuja el aire hacia atrás para propulsar el avión hacia delante.

EMPUJE

Palas giratorias
Cada rotor está formado por dos o más palas giratorias. Cada pala puede inclinarse por separado para hacer virar el aparato.

Girando
Los aviones tienen alas fijas, mientras que los helicópteros y los drones tienen rotores, unas palas giratorias que le proporcionan la fuerza de sustentación. Los rotores empujan el aire hacia abajo a gran velocidad, impulsando la aeronave hacia arriba.

Funcionamiento del ala
El ala de un avión está inclinada. Al moverse, parte del aire se desplaza por encima del ala y parte, por debajo. El aire de arriba se mueve más rápido y el de abajo, lo hace más lentamente. El aire que se mueve más rápido tiene una presión menor que el que se mueve lento. Esta diferencia de presión es lo que genera la sustentación. La forma curvada del ala, llamada plano aerodinámico, hace posible que el aire fluya alrededor del ala de forma uniforme.

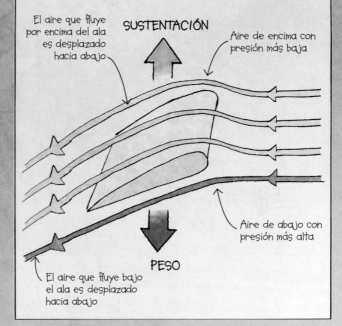

El aire que fluye por encima del ala es desplazado hacia abajo

SUSTENTACIÓN

Aire de encima con presión más baja

Aire de abajo con presión más alta

PESO

El aire que fluye bajo el ala es desplazado hacia abajo

Máquina portentosa

Esta máquina emplea máquinas simples para multiplicar el esfuerzo que hacen las musarañas elefante para recoger los sabrosos frutos de un árbol alto. A ver si eres capaz de seguir la secuencia y de identificar las distintas máquinas simples, para averiguar cómo funciona.

El tornillo rota
Impulsado por los engranajes de debajo, el tornillo gira y sube la naranja por la rampa.

El contrapeso
Cuando sueltan la cuerda, el contrapeso cae, haciendo que la cuchara salga disparada hacia arriba y lance una naranja por el aire.

La cuchara
Va montada sobre una palanca. Al tirar de ella hacia abajo, el contrapeso del otro extremo sube.

¡Tirar!
La polea transforma la fuerza lateral de las musarañas elefante en una fuerza descendente, que tira hacia abajo la cuchara.

La rueda gira
La musaraña elefante hace girar la rueda, que hace girar el eje y los engranajes.

Máquinas simples

Una máquina es una herramienta que desempeña un trabajo útil. Las más complejas, desde una bicicleta hasta el motor de un coche, están formadas por otras más sencillas. Las seis máquinas simples funcionan transformando de algún modo una fuerza, ya sea cambiando su dirección o haciendo que sea más o menos fuerte. La mayoría proporcionan alguna ventaja mecánica, es decir, aumentan la fuerza para que un trabajo resulte más fácil.

Los engranajes
Son simples ruedas con piñones o dientes. Este levanta la cola para dejar caer la naranja.

El fruto cae
Una naranja sale disparada y cae sobre la cuña que hay debajo.

¿Quién quiere zumo?
La cuña afilada parte la naranja por la mitad, que queda lista para exprimir.

Tipos de máquinas simples

Existen seis tipos básicos de máquinas simples. Cada una de ellas transforma la fuerza aplicada de un modo u otro. Pero todo tiene su precio. Para que una fuerza sea mayor, tienes que aplicarla durante una distancia más grande.

Plano inclinado
Hacer subir un objeto por una rampa, o plano inclinado, cuesta menos que levantarlo verticalmente, pero la distancia que recorrer será mayor.

Cuña
Una cuña está formada por dos planos inclinados. Si presionamos un objeto contra ella, puede partirlo en dos, dejando dos mitades. La hoja de un hacha es una cuña.

Tornillo
Un tornillo es un plano inclinado enrollado en un cilindro. Al girar, cambia la dirección de una fuerza.

Palanca
Una palanca es un listón rígido que se mueve sobre un punto fijo o pivote. Las palancas se usan para levantar cargas pesadas con menos esfuerzo.

Fulcro o punto de apoyo

Rueda y eje
La rueda gira alrededor de una varilla central llamada eje. Al hacer girar el eje, gira el borde externo de la rueda a lo largo de una distancia mayor, pero con menos fuerza.

Eje

Polea
Una polea cambia la dirección de una fuerza. Dos o más juntas reducen la fuerza necesaria para levantar un objeto, pero hay que tirar de la cuerda una distancia mucho mayor.

La Tierra y el espacio

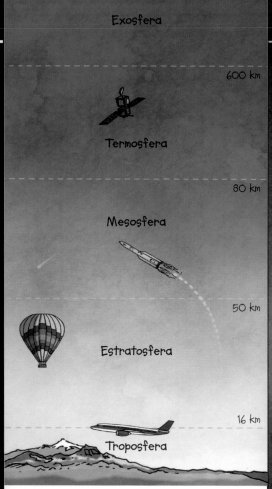

Exosfera

600 km

Termosfera

80 km

Mesosfera

50 km

Estratosfera

16 km

Troposfera

Atmósfera de la Tierra

La atmósfera está compuesta básicamente por oxígeno y nitrógeno, y pequeñas cantidades de dióxido de carbono y otros gases. El 75 por ciento se concentran en la capa inferior, la troposfera, que es donde ocurren todos los fenómenos meteorológicos. Cuanto más arriba, menos gas contienen las capas, hasta que la atmósfera se acaba fusionando con el espacio.

Los animales aspiran el oxígeno que liberan las plantas.

Las plantas absorben el dióxido de carbono que exhalan los animales.

Planeta vivo

La vida está presente en toda la Tierra, desde el océano más profundo hasta la montaña más alta. La mayoría de los animales y plantas necesitan los gases de la atmósfera a fin de sobrevivir, y a su vez liberan gases a la atmósfera, en un ciclo infinito de vida.

La Tierra

La bola de roca en la que vivimos es el tercer planeta desde el Sol, y el único lugar en todo el universo que sabemos con seguridad que alberga vida. Casi tres cuartas partes de su superficie rocosa están cubiertas por océanos de agua líquida, y el planeta entero está rodeado por una envoltura de gases llamada atmósfera. Por dentro, el planeta es una bola crepitante de rocas y metales abrasadores: cuanto más profundos, más calientes.

Interior de la Tierra

La capa más externa de la Tierra es la fina corteza rocosa. Constituye una parte ínfima del planeta, de solo 64 kilómetros de profundidad en sus partes más gruesas. Si pudieras cortar una porción del planeta, verías tres capas bajo la corteza: el enorme manto, el núcleo externo líquido y el núcleo interno sólido. La distancia de la superficie al centro es de 6400 kilómetros.

Atmósfera
Esta capa de gases atrapa calor suficiente como para hacer que el planeta sea habitable (ver páginas 148–149) y protegerlo de los dañinos rayos solares.

Continentes
Las masas terrestres de la Tierra son las partes más gruesas de la corteza.

Océanos
La corteza continental es más gruesa que la corteza que se encuentra bajo los océanos, pero esta última está compuesta por una roca más densa llamada basalto.

Corteza
La corteza es muy fina en comparación con la totalidad del planeta, algo así como la piel en el caso de una manzana.

Núcleo interno sólido
El núcleo interno está compuesto por hierro y níquel. A 5500 °C, está tan caliente como la superficie del Sol.

Núcleo externo líquido
El núcleo externo es un caldo abrasador de hierro y níquel fundidos.

Manto
El manto rocoso es la capa más gruesa de la Tierra. En su mayor parte es sólido, pero en algunas partes la roca se mueve muy lentamente.

Placa del Pacífico
La placa más grande se encuentra bajo el océano Pacífico.

Límite entre placas
El lugar donde se juntan dos placas se llama límite.

Bajo la corteza
Bajo la fina corteza está la caliente capa del manto.

Piezas de rompecabezas
Las placas tectónicas encajan a la perfección entre ellas como en un rompecabezas gigante. Las placas se mueven muy lentamente, arrastrando las masas continentales de la Tierra. Eso significa que hace millones de años los continentes tenían un aspecto muy distinto al actual.

Manto móvil

Las placas tectónicas se mueven porque están encima del manto de la Tierra, compuesto de roca tan caliente que está semifundida y puede moverse. La roca se mueve en corrientes que hacen circular el calor (ver página 83): la roca más caliente se eleva, luego se enfría y se hunde. Cuando la roca del manto que está más cerca de la superficie interviene en este ciclo, arrastra la corteza consigo.

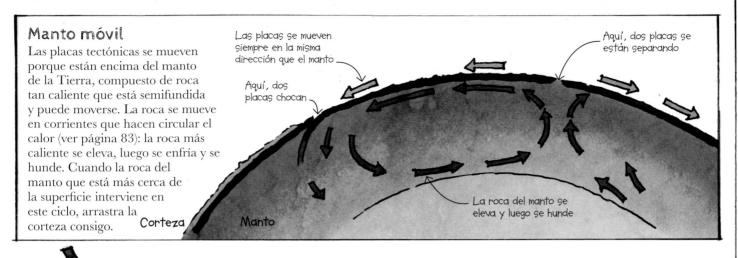

Las placas se mueven siempre en la misma dirección que el manto

Aquí, dos placas chocan

Aquí, dos placas se están separando

La roca del manto se eleva y luego se hunde

Corteza

Manto

Placas tectónicas

La superficie de la Tierra siempre está en movimiento. Está formada por un montón de fragmentos llamados placas tectónicas que encajan como un gran puzle y se desplazan sobre la capa del manto, que está justo debajo. Las placas se mueven increíblemente despacio, al mismo ritmo que te crecen las uñas, pero allí donde se juntan pueden desatarse grandes fuerzas, causando cambios drásticos en el paisaje.

Transformante
Un límite transformante se da cuando dos placas se mueven entre sí. La línea entre dos placas se llama falla. Los terremotos son comunes en los límites transformantes, ya que las placas se rozan una con otra.

Volcán
Los volcanes son habituales en los límites entre placas.

Corteza destruida
Una placa se desplaza debajo de otra.

Corteza nueva
El magma sube y se enfría formando corteza nueva.

Convergente
En los límites convergentes las placas colisionan. Cuando una placa se hunde bajo otra, la corteza se destruye. Cuando la placa superior se desploma, puede elevar una cordillera montañosa.

Límites entre placas

Allí donde se juntan dos o más placas tectónicas, actúan unas fuerzas colosales. Se crea y se destruye corteza, se elevan cordilleras montañosas y aparecen enormes grietas o fosas. Existen tres tipos básicos de límites entre placas, dependiendo de si las placas se mueven a la vez, por separado o entre ellas.

Divergente
Al separarse las placas, el magma líquido del manto asciende para llenar el hueco, formando corteza nueva. Esta forma fosas tectónicas y fosas oceánicas.

Fabricación de rocas

Las rocas se forman muy lentamente, a lo largo de miles y miles de años. El movimiento de las placas tectónicas de la Tierra calienta y comprime las rocas subterráneas, mientras que el viento y el agua desgastan las rocas de la superficie y arrastran los sedimentos. Los mamuts intentan recrear estas condiciones en su cocina laboratorio.

Rocas calientes

Se necesita mucho calor para fundir una roca: la olla del mamut no será suficiente. Pero en el interior de la Tierra, las condiciones son ideales. La roca fundida se llama magma. Cuando el magma se enfría y se solidifica, forma rocas ígneas, que son duras. El granito y el basalto son rocas ígneas.

Enfriamiento

La velocidad a la que la roca se enfría influye en su aspecto futuro. Las rocas ígneas que se enfrían despacio contienen grandes cristales visibles.

El ciclo de las rocas

Parece que una roca va a durar para siempre, pero las rocas se reciclan lentamente a lo largo de millones de años. Cada tipo de roca puede transformarse en una roca de los otros dos tipos, al ser desgastada por la erosión, al fundirse en el interior de la Tierra o al transformarse a causa del calor y la presión.

Desgaste y erosión
Las rocas de superficie se desgastan y pequeñas partículas son arrastradas.

Erupción
La roca caliente erupciona en forma de lava y luego se enfría en la superficie y forma rocas ígneas como el basalto.

Cámara magmática
El magma atrapado en el subsuelo se puede enfriar y endurecer, y forma rocas ígneas como el granito.

Sedimentación
Capas de partículas erosionadas se acumulan y se comprimen y originan una roca sedimentaria.

Presión extrema
A una gran profundidad, la presión y el calor generan rocas metamórficas.

Elevación
Parte de la roca es empujada hacia arriba por el movimiento de la corteza de la Tierra.

Magma
La roca se funde y se convierte en magma.

Rocas

Las rocas que constituyen la corteza de la Tierra están formadas por minerales. Son unos compuestos químicos que producen cristales sólidos y se juntan combinándose de distintas maneras y originando rocas. Hay tres tipos básicos de rocas: ígneas, metamórficas y sedimentarias. Cada una se forma de un modo distinto, por lo que cada tipo tiene sus propias características distintivas.

Olla a presión
Esta olla a presión nunca alcanzará el tipo de presión necesaria para formar una roca metamórfica.

Bajo presión
Para que se forme una roca metamórfica hacen falta un calor y una presión intensas. Cuando las rocas subterráneas son aplastadas por las fuerzas tectónicas o quedan expuestas al magma caliente, se transforman sin fundirse. El mármol es una roca metamórfica que se forma a partir de la caliza, una roca sedimentaria. La mayoría de las rocas metamórficas son duras y pueden tener franjas de colores de distintos minerales.

Sedimentos aplastados
Las rocas sedimentarias están compuestas por trozos de roca o restos de animales, como fragmentos de caparazones. Estos sedimentos se van acumulando con el tiempo, y las capas inferiores se comprimen bajo la presión, transformándose en roca. Las rocas sedimentarias, como la caliza, suelen ser bastante blandas y grumosas.

Estratos
Las rocas sedimentarias suelen contener varios estratos de distintos colores.

Cómo se forman los fósiles

Un fósil tarda millones de años en formarse. La mayoría de los fósiles que tenemos son esqueletos o caparazones que se han transformado en piedra. Este proceso ocurre cuando un animal muere en o cerca del agua, y pronto queda recubierto de lodo o arena, antes de descomponerse por completo o de que alguien se lo coma. Dado que el agua es esencial para este proceso, muchos fósiles se forman a partir de criaturas marinas.

Muerte en el agua

Un *Tiranosaurus rex* se ahoga en un lago o pantano. Su cuerpo se hunde hasta el fondo y las partes blandas se empiezan a descomponer. Queda solo el esqueleto, que es duro.

Estratos sedimentarios

Con el paso del tiempo, el esqueleto se va cubriendo de capas de sedimentos blandos (lodo y arena). Estos se van acumulando y a lo largo de millones y millones de años se van comprimiendo, formando roca sólida.

Esqueleto de piedra

Al quedar sepultado el esqueleto, los minerales disueltos en el agua penetran por los poros de los huesos y se solidifican. Poco a poco, los huesos se transforman en piedra.

Al descubierto

Tras millones de años, los movimientos de la corteza de la Tierra sacan la roca con el fósil a la superficie. Luego el agua y el viento erosionan la roca hasta que finalmente el fósil queda al descubierto.

Fósiles

Cuando un organismo vivo muere, suele descomponerse y desaparecer para siempre. En circunstancias muy especiales, sin embargo, puede dejar un testimonio que dura miles de millones de años: los fósiles. Son muy escasos, pero nos ayudan a comprender cómo eran las criaturas que vagaban antiguamente por la Tierra.

Sacar un fósil a la luz
Se puede usar agua para retirar los sedimentos que rodean al fósil.

Al descubierto
Los fósiles quedan al descubierto cuando la roca en la que están se erosiona.

Roca sedimentaria
La mayoría de los fósiles se encuentran en rocas sedimentarias (ver página 139).

Hábitat
El terreno que hay alrededor de un fósil puede indicarnos cómo era el entorno del animal cuando estaba vivo.

Herramientas
Se usan martillos, paletas y cepillos para eliminar la roca con mucho cuidado y recuperar el fósil.

Excavación profesional
Desentierran con mucho cuidado el cráneo fosilizado de un dinosaurio. Los fósiles son muy frágiles, y por ello los paleontólogos (que estudian los fósiles) deben ser muy cuidadosos cuando los desentierran. La mayoría de los fósiles se forman a partir de las partes duras del animal, como los huesos o los dientes, pero también pueden encontrarse huellas fosilizadas de plumas, plantas o incluso de pies.

El ciclo del agua

El agua que hay en la Tierra está constantemente moviéndose entre el mar, el aire y el suelo en un ciclo interminable. La cantidad de agua es siempre la misma, simplemente se mueve de un lugar a otro y cambia de forma. Este proceso de reciclaje constante del agua implica que, cuando bebes un trago del grifo, estás bebiendo la misma agua que los mamuts sedientos bebían hace miles de años.

Nubes

El vapor de agua se enfría al ascender y se condensa en diminutas gotas líquidas que forman las nubes.

Transpiración

La mayor parte del vapor de agua de la atmósfera viene del agua que se evapora del mar, pero una parte procede de las plantas. Las plantas absorben agua del suelo a través de las raíces y la liberan a través de las hojas en un proceso llamado transpiración. Los bosques tropicales emiten tanto vapor de agua que crean nubes bajas.

Nubes

El agua de las nubes acaba cayendo en forma de lluvia.

Los árboles liberan vapor de agua a través de sus hojas

Vapor de agua

El agua, al ser calentada por el Sol, se transforma en vapor y sube a la atmósfera.

Cuanto más llenas de
agua están las nubes,
más oscuras se ven

La lluvia
Cuando la nube
ya no puede
aguantar más,
el agua cae como
lluvia, aguanieve,
granizo o nieve.

Estados cambiantes

El Sol desencadena el ciclo del agua: calienta el
agua que hay sobre la superficie de la Tierra, de
forma que parte se evapora y se convierte en
vapor de agua (ver páginas 10-11). Al elevarse,
el vapor de agua se enfría, condensándose (se
transforma de nuevo en líquido) y formando
nubes, que liberan agua en forma de lluvia, que
vuelve a caer al suelo. Una gota de agua puede
tardar unos pocos días o decenas de miles de
años en volver al océano.

De vuelta al mar
El agua se incorpora
a los arroyos y ríos,
y regresa al mar.

Agua subterránea
Una parte del agua
se filtra por el suelo
y vuelve al mar.

143

Las estaciones

En muchas partes del mundo, el año se divide en estaciones: primavera, verano, otoño e invierno. En verano los días son más largos y calurosos, mientras que en invierno los días son más cortos y fríos. Eso se debe a que la Tierra rota alrededor de un eje inclinado. El eje es una línea imaginaria que atraviesa el planeta del polo norte al polo sur. La inclinación del eje hace que las distintas partes del globo se acerquen o se alejen del Sol en las diferentes épocas del año.

Luz directa

Cuando un hemisferio está inclinado hacia el Sol, recibe más luz directa. El Sol brilla directamente sobre él, así que su luz está más concentrada y transmite más calor. Puedes demostrarlo con una linterna y una pelota. Si enfocas la linterna directamente hacia la pelota, la luz se concentra en un punto. Si iluminas una zona más amplia de la pelota con esa misma linterna, la luz se reparte y es más débil.

Luz directa
La luz se concentra en una zona.

Luz difusa
La misma cantidad de luz se extiende por una zona más amplia.

Diciembre

El hemisferio sur está inclinado hacia el Sol, por lo que disfruta de temperaturas más cálidas y días más largos. Es invierno en el hemisferio norte, que está más alejado del Sol.

Inclinación de la Tierra

Estos mamuts intentan ilustrar por qué existen las estaciones utilizando globos terráqueos gigantes. Cada globo terráqueo está montado sobre un poste que representa el eje inclinado de la Tierra. Dado que el planeta está inclinado siempre en una misma dirección, cuando gira alrededor del Sol sus hemisferios (norte y sur) se inclinan acercándose o alejándose del Sol.

Septiembre

Ningún hemisferio apunta hacia el Sol. Es otoño en el hemisferio norte y primavera en el hemisferio sur. Las temperaturas son suaves y los días duran lo mismo en ambos hemisferios.

De la primavera al verano

La Tierra continúa su órbita y el hemisferio sur pasa de la primavera al verano, así que los días se vuelven más largos.

Junio

El hemisferio norte está inclinado hacia el Sol, lo que significa que allí es verano. El hemisferio sur experimenta las frías temperaturas y las largas noches del invierno.

Sol

Eje

La Tierra rota alrededor de esta línea una vez cada 24 horas.

Días estivales

Ilumina una mayor parte del hemisferio norte, así que allí los días son más largos.

Eje inclinado

Ecuador

Hemisferio norte

Es la mitad superior del globo, sobre el ecuador.

Marzo

En este punto de la órbita de la Tierra, ningún hemisferio está inclinado hacia el Sol. Es primavera en el hemisferio norte y otoño en el hemisferio sur.

Hemisferio sur

La parte del globo que está debajo del ecuador se conoce como hemisferio sur.

La órbita de la Tierra

La Tierra gira alrededor del Sol; tarda un año en completar una órbita.

El clima

El tiempo es lo que ocurre en el aire a nuestro alrededor: si llueve, si hace viento, si luce el Sol o está nublado. El tiempo cambia de un día a otro, pero el tiempo típico de una zona determinada se conoce como clima. Muchas cosas pueden influir en el clima de una zona, entre ellas su altitud sobre el nivel del mar, la distancia a la que se encuentra del mar y si es llana o montañosa. Pero el factor que más influye es la distancia a la que está del ecuador.

Zonas climáticas

El ecuador es una línea imaginaria que rodea la Tierra por el centro. Esta parte del globo es la que recibe más luz directa del Sol, así que tiene un clima tropical cálido y soleado. Las regiones polares, lejos del ecuador, son las que reciben menos luz solar y tienen un clima glacial. Junto a las regiones polares están las zonas templadas, y entre la zona templada y la tropical, están los subtrópicos.

POLAR

TEMPLADO

SUBTROPICAL

Ecuador

SUBTROPICAL

TEMPLADO

POLAR

Zonas templadas

Las zonas templadas de la Tierra tienen cuatro estaciones diferenciadas con sus propias pautas meteorológicas: primavera, verano, otoño e invierno. Los veranos son cálidos y los inviernos fríos, con grandes diferencias de temperatura entre ambas. Algunas regiones templadas son húmedas mientras que otras, como la mediterránea, son más secas.

Zonas tropicales

La zona que se extiende alrededor del ecuador es cálida durante todo el año. Algunas zonas tropicales tienen muchas precipitaciones todo el año, mientras que otras tienen una estación lluviosa y otra seca. La combinación de calor y mucha lluvia se traduce en densos bosques tropicales, como por ejemplo la selva amazónica.

Zonas subtropicales

Las franjas que se extienden entre los trópicos y las regiones templadas tienen veranos cálidos y húmedos e inviernos suaves y lluviosos, en los que las temperaturas rara vez bajan de los 0 °C. Pero en algunas zonas subtropicales llueve muy poco o nada a lo largo del año. Muchos de los desiertos del mundo se encuentran en estas zonas.

Regiones polares

Las regiones que se encuentran alrededor de los polos son extremadamente frías y secas durante todo el año. Aunque muchas partes están cubiertas de hielo y nieve, se producen muy pocas precipitaciones (de lluvia o nieve). Las zonas polares son entornos muy duros, aunque en ellas el mamut lanudo se sentiría como en casa.

Efecto invernadero

Así como un invernadero de cristal atrapa el calor para mantener las plantas calientes, los gases de la atmósfera de la Tierra evitan que el calor del Sol se escape al espacio. Sin el efecto invernadero, nuestro planeta sería demasiado frío como para sustentar la vida tal y como la conocemos.

La superficie de la Tierra refleja parte de la energía

Parte de la energía es reflejada por la atmósfera y vuelve al espacio

Luz solar
La energía del Sol penetra en la atmósfera, proporcionando luz y calor.

La Tierra se calienta
El Sol calienta la Tierra. Esta, a su vez, también desprende calor (radiación infrarroja).

Gases de efecto invernadero
La atmósfera se compone básicamente de nitrógeno y oxígeno, pero también contiene pequeñas cantidades de gases de efecto invernadero, sobre todo dióxido de carbono. La acción del hombre está aumentando de manera dramática los niveles de estos gases.

Ganadería
La ganadería intensiva produce gases de efecto invernadero.

Fugas de infrarrojos
Parte del calor atraviesa la atmósfera y escapa hacia el espacio.

Cambio climático
El efecto invernadero es un proceso natural y esencial para la vida en la Tierra. Pero el uso de combustibles fósiles, como el carbón y el gas, aumenta la cantidad de gases de efecto invernadero en la atmósfera y provoca un aumento de este efecto; la atmósfera está atrapando más calor que antes y el clima del mundo se está calentando. El efecto dominó sobre el entorno natural del planeta podría ser catastrófico.

Calentamiento global

Incendios forestales

Clima extremo

Aumento del nivel del mar

El mundo se calienta
Los gases calientes irradian calor, así que la Tierra y la atmósfera aumentan de temperatura.

Absorción de infrarrojos
Los gases de efecto invernadero absorben parte de la radiación infrarroja que emite la Tierra. El aire se calienta.

Industria
Las fábricas y las centrales eléctricas emiten gases de efecto invernadero.

Transporte
Los vehículos emiten gases de efecto invernadero.

La Luna

La Luna es la compañera inseparable de la Tierra en el espacio. Está lo suficientemente cerca como para que algunas de sus características puedan verse a simple vista. Brilla con fuerza en el cielo nocturno, pero no tiene luz propia. La luz que vemos es un reflejo de la del Sol. A diferencia de la Tierra, la Luna es un mundo muerto, ya que no tiene ni agua ni aire para sustentar la vida.

Un asteroide del tamaño de Marte choca contra la Tierra

Formación de la Luna
La Luna se formó hace unos 4500 millones de años. Nadie lo sabe con certeza, pero la teoría más aceptada sugiere que un asteroide del tamaño de Marte chocó con la Tierra recién formada. Restos de la colisión fueron lanzados a la órbita de la Tierra, donde acabaron agrupándose en una gran masa rocosa.

Traje lunar
Un verdadero traje espacial protege todas las partes del cuerpo de un astronauta.

En la superficie
Este astronauta tiene una vista privilegiada de la superficie lunar. La mayoría de los cráteres se formaron hace miles de millones de años, cuando los asteroides chocaron con una joven Luna. Los impactos más grandes causaron enormes cráteres que se inundaron de lava procedente del interior de la Luna. La lava se enfrió y se solidificó, formando grandes planicies oscuras llamadas mares.

Movimientos lunares
La Luna orbita alrededor de la Tierra, pero además rota sobre sí misma. Tarda lo mismo en describir una órbita alrededor de la Tierra que en dar una vuelta completa sobre sí misma, así que siempre vemos la misma cara de la Luna, el llamado lado cercano. Durante su órbita, vemos distintas porciones de la superficie de la Luna iluminada por el Sol. Las denominamos fases lunares.

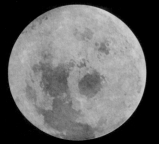

Lado cercano
Es el lado que vemos en la Tierra. Hay más mares y menos cráteres que en el lado lejano.

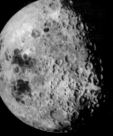

Lado lejano
La cara oculta de la Luna tiene más cráteres que el lado cercano.

Luna nueva

Luna nueva visible

Luna menguante

Fases lunares
Durante su órbita, la Luna parece cambiar de forma. Mientras crece se llama creciente y mientras mengua, menguante. Una Luna gibosa está más cerca de estar llena. Cuando hay Luna llena toda la cara cercana está iluminada por el Sol, pero durante la Luna nueva solo está iluminada la cara lejana.

Cuarto creciente

Cuarto menguante

Gibada creciente

Gibada menguante

Luna llena

Regolito
Una gruesa capa de polvo suelto y fragmentos de roca llamada regolito cubre toda su superficie.

Montañas
Como muchas montañas de la Luna, esta cordillera es en realidad el borde de un cráter enorme. Está lleno de lava, de modo que solo el borde resulta visible.

En la sombra
Desde la Luna, solo puede verse la parte de la Tierra que está iluminada por el Sol.

Planicies oscuras de lava
Las zonas llanas y oscuras de la Luna se llaman mares, porque los astrónomos de la antigüedad creían que parecían océanos. Son el resultado de antiguos flujos de lava volcánica.

Superficie abrasadora
La atmósfera de la Luna no la protege de los rayos solares ni retiene el calor por la noche, por lo que las temperaturas pueden alcanzar los 127 °C de día y descender hasta los −173 °C por la noche.

Cráter
Numerosos asteroides han colisionado con la Luna a lo largo de su existencia, y han dejado muchos cráteres de impacto de distintos tamaños.

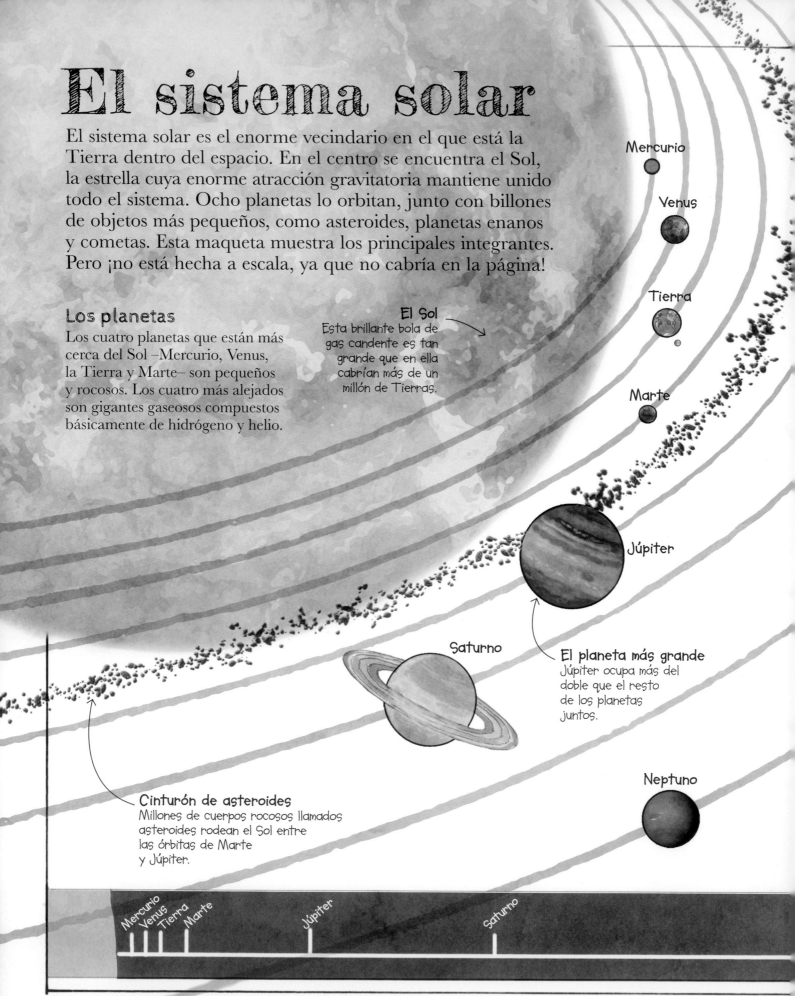

El sistema solar

El sistema solar es el enorme vecindario en el que está la Tierra dentro del espacio. En el centro se encuentra el Sol, la estrella cuya enorme atracción gravitatoria mantiene unido todo el sistema. Ocho planetas lo orbitan, junto con billones de objetos más pequeños, como asteroides, planetas enanos y cometas. Esta maqueta muestra los principales integrantes. Pero ¡no está hecha a escala, ya que no cabría en la página!

Los planetas

Los cuatro planetas que están más cerca del Sol –Mercurio, Venus, la Tierra y Marte– son pequeños y rocosos. Los cuatro más alejados son gigantes gaseosos compuestos básicamente de hidrógeno y helio.

El Sol
Esta brillante bola de gas candente es tan grande que en ella cabrían más de un millón de Tierras.

Mercurio

Venus

Tierra

Marte

Júpiter

El planeta más grande
Júpiter ocupa más del doble que el resto de los planetas juntos.

Saturno

Neptuno

Cinturón de asteroides
Millones de cuerpos rocosos llamados asteroides rodean el Sol entre las órbitas de Marte y Júpiter.

Mercurio Venus Tierra Marte Júpiter Saturno

Objetos menores

Los planetas son los integrantes más grandes del sistema solar, pero hay millones y millones de objetos más pequeños que también orbitan alrededor del Sol. Muchos de ellos están en el sistema solar exterior, más allá de la órbita de Neptuno, el planeta más distante.

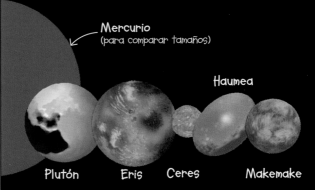

Mercurio
(para comparar tamaños)

Haumea

Plutón   **Eris**   **Ceres**   **Makemake**

Planetas enanos

Estos cuerpos más o menos esféricos no son lo bastante grandes como para ser considerados propiamente planetas. Eris, el más grande, mide solo la mitad que Mercurio. Hoy conocemos cinco planetas enanos, pero puede haber muchos más esperando a ser descubiertos.

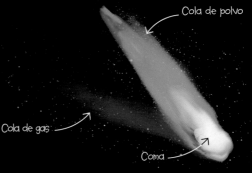

Cola de polvo

Cola de gas

Coma

Viajero cósmico

Los cometas son visitantes procedentes de los confines del sistema solar que describen órbitas muy alargadas alrededor del Sol. Cuando se acercan al Sol, su núcleo central, compuesto de roca y hielo, puede desarrollar un halo espectacular llamado coma, así como colas compuestas de polvo y gas.

Gigante helado

La temperatura en Urano, el planeta más frío, baja hasta los −224 °C.

Urano

Órbitas

Los planetas se desplazan alrededor del Sol describiendo trayectorias elípticas llamadas órbitas.

¡Lejos!

Las órbitas de los planetas no son equidistantes. Cuanto más alejados del Sol, mayores son las distancias. La Tierra está a 149,6 millones de kilómetros del Sol. Neptuno está 30 veces más lejos.

Urano

Neptuno

Galaxias

Una galaxia es un conjunto de estrellas, gas y polvo que la gravedad mantiene unidos. Existen galaxias de distintas formas y tamaños, pero pueden clasificarse en cuatro tipos básicos: espiral, espiral barrada, elíptica e irregular. Los científicos creen que en el universo hay cientos de miles de millones de galaxias.

El centro de la galaxia es alargado y plano

Espiral

Espiral barrada

Elíptica

Irregular

Agujero negro

Los científicos creen que la mayoría de las galaxias tienen un agujero negro supermasivo en el centro. Un agujero negro es el resultado de ingentes cantidades de materia concentradas en un punto más pequeño que un átomo. Su gravedad es tan potente que cualquier cosa que pase demasiado cerca es arrastrada a su interior, incluso la luz.

La Vía Láctea

Nuestro sistema solar se encuentra en una galaxia llamada Vía Láctea. Todas las estrellas que vemos en el cielo nocturno desde la Tierra están en la Vía Láctea. Como estamos dentro de la galaxia, no la podemos ver entera. Pero si pudiéramos contemplarla desde la misma perspectiva que este viajero espacial peludo, veríamos que es como un resplandeciente remolino gigante.

Brazo en espiral que sale del centro

Girar en el espacio

La Vía Láctea es una galaxia espiral barrada con cuatro brazos que contiene miles de millones de estrellas y grandes nubes de gas y polvo. Todo en la Vía Láctea orbita alrededor de un enorme agujero negro, así que la galaxia está constantemente girando en el espacio. La Vía Láctea es tan grande que nuestro sistema solar tarda 240 millones de años en describir una órbita completa.

Brazos de la galaxia
Cada brazo en espiral contiene miles de millones de estrellas, enormes nubes de gas y polvo, y vastas extensiones de espacio vacío.

Tú estás aquí
Nuestro sistema solar está en el brazo de Orión, a medio camino entre el centro de la galaxia y su límite exterior.

En busca de Andrómeda
Este paquidermo pionero sale en busca de Andrómeda, la galaxia vecina de la Vía Láctea.

155

Glosario

ADN
Molécula que contiene las instrucciones para la vida; se halla en las células de los organismos vivos.

AISLANTE
Material que no deja circular fácilmente la electricidad ni el calor, como el plástico.

ANCESTRO
El animal o la planta del que desciende un animal o planta más reciente.

ANTICUERPOS
Sustancias producidas por el sistema inmunitario que identifican las bacterias y los virus para destruirlos.

ASTEROIDE
Roca espacial.

ATMÓSFERA
Capas de gas que rodean un planeta.

ÁTOMO
Unidad más pequeña de un elemento. Contiene protones, neutrones y electrones.

BACTERIA
Organismo microscópico de forma simple y con una única célula. Algunas pueden causar enfermedades.

CAPILARES
Los vasos sanguíneos más pequeños del cuerpo. Llevan la sangre hacia y desde las células.

CARDIACO
De o relativo al corazón.

CÉLULA
Unidad más pequeña que forma un organismo vivo.

CLOROFILA
Pigmento verde que usan las plantas para captar la energía de la luz solar.

CLOROPLASTO
Estructura diminuta presente en una célula vegetal que contiene clorofila y hace la fotosíntesis.

COMPUESTO
Sustancia química compuesta por átomos de dos o más elementos distintos.

CÓNCAVO
Describe un objeto que se curva hacia dentro.

CONDENSACIÓN
Cuando un gas se transforma en líquido.

CONDUCCIÓN
Transmisión de electricidad o calor en objetos sólidos.

CONDUCTOR
Material a través del cual el calor o la electricidad circulan fácilmente, como el metal.

CONSUMIDOR
Animal que come plantas u otros animales.

CONVECCIÓN
Transmisión de calor a través de un líquido o un gas.

CONVEXO
Describe un objeto abultado por el centro.

CROMOSOMA
Estructura que contiene el ADN.

DENSIDAD
Masa en un volumen dado de una sustancia.

DESCOMPONEDOR
Que descompone la materia en nutrientes.

DESPLAZAMIENTO
Al meter un objeto en un líquido, parte de este se desplaza para dejarle sitio.

DIGESTIÓN
Descomposición de alimentos para que el cuerpo pueda absorber los nutrientes.

ECUADOR
Línea imaginaria que rodea la Tierra por el centro.

ELECTRICIDAD
Forma en que la energía es transmitida por un flujo de partículas cargadas.

ELECTRÓN
Partícula diminuta cargada negativamente que se encuentra en el átomo.

ELEMENTO
Sustancia pura que no puede descomponerse más.

EMPUJE
Fuerza ascendente ejercida sobre un objeto que se sumerge en un líquido.

ENERGÍA
La energía se transmite cada vez que ocurre algo. Puede almacenarse y transmitirse de distintas formas.

EROSIÓN
Resultado de las rocas y sedimentos que son desgastados por el viento, el agua y el hielo.

EROSIÓN
Desgaste de una roca por el viento, la lluvia o el hielo.

ESPECIE
Grupo de seres vivos que son parecidos entre sí y pueden tener descendencia.

ESPECTRO ELECTROMAGNÉTICO
Conjunto de longitudes de onda y frecuencias de la radiación electromagnética.

ESPECTRO VISIBLE
Ver *Luz*.

ESPERMATOZOIDE
Célula sexual masculina.

EVAPORACIÓN
Transformación de un líquido en gas.

EVOLUCIÓN
Forma en que los organismos cambian a consecuencia de la selección natural.

EXCRECIÓN
Proceso por el que el cuerpo elimina productos de desecho.

FERTILIZACIÓN
Unión de las células sexuales masculinas y femeninas.

FLOR
Parte reproductora de la planta.

FLUIDO
Líquido o gas.

FOTOSÍNTESIS
Reacción química de las plantas para fabricar alimento.

FRICCIÓN
Fuerza causada por dos objetos que se rozan entre sí.

FUERZA
Presión o tracción que actúa sobre un objeto.

GAS
Estado de la materia en el que las partículas se dispersan para llenar un contenedor.

GASES DE EFECTO INVERNADERO
Gases de la atmósfera, como el dióxido de carbono y el metano, que absorben el calor.

GERMINACIÓN
Cuando una semilla empieza a brotar y se convierte en una planta.

GRAVEDAD
Fuerza de atracción entre dos objetos.

IMAGEN VIRTUAL
Al mirar a un espejo o a través de una lente, imagen formada debido a la fuente aparente de rayos de luz frente a la real.

INFRARROJO
Radiación con una longitud de onda más larga que la de la luz visible, que notamos en forma de calor.

INMUNIDAD
Capacidad del cuerpo para prevenir enfermedades provocadas por determinados virus o bacterias.

LÍQUIDO
Estado de la materia en el que las partículas están sueltas y pueden moverse libremente. Los líquidos fluyen y adoptan la forma del recipiente en el que se encuentran.

longitud de onda
En una onda, distancia entre dos crestas.

LUZ
Parte que vemos del espectro electromagnético. Ondas de luz de distintos colores forman el espectro visible.

MAGMA
Roca fundida del interior de la Tierra.

MAMÍFERO
Animal de sangre caliente que produce leche para amamantar a sus crías.

MAMUT
Mamífero prehistórico que se extinguió hace unos 4000 años. Es un pariente cercano del elefante asiático.

MASA
Cantidad de materia de un objeto.

MATERIA
La «sustancia» de la que están hechas todas las cosas del universo.

MEZCLA
Combinación de más de una sustancia o material.

MICROSCOPIO
Instrumento que amplía las cosas que son demasiado pequeñas como para que podamos verlas a simple vista.

MOLÉCULA
Dos o más átomos unidos.

MUSARAÑA ELEFANTE
Pequeño mamífero parecido a un roedor que tiene un largo hocico.

NÉCTAR
Solución azucarada producida por las flores para atraer a los animales polinizadores.

NEURONA
Célula nerviosa.

NEUTRÓN
Partícula sin carga que se encuentra dentro del núcleo de un átomo.

NÚCLEO
Centro de control de una célula, donde se encuentra el ADN. También hace referencia al centro de un átomo, compuesto por protones y neutrones.

NUTRIENTE
Sustancias químicas que las células necesitan para crecer y repararse.

ÓRBITA
Trayectoria que describe un objeto alrededor de otro objeto debido a la gravedad.

ÓVULO
Célula sexual femenina.

PARTÍCULA
Pedazo muy pequeño de materia.

PLACA TECTÓNICA
Fragmento grande de la corteza de la Tierra que se desplaza sobre el manto que hay debajo.

POLEN
Granos diminutos producidos por las flores que contienen las células sexuales masculinas de la planta.

PRESIÓN
Cantidad de fuerza ejercida sobre una zona determinada, o fuerza causada por las partículas de un fluido al golpear una superficie.

PRODUCTOR
Organismo que fabrica alimento mediante la fotosíntesis y que es ingerido por los animales.

PROTEÍNA
Sustancia que utiliza un organismo vivo para formar sus tejidos.

PROTÓN
Partícula con carga positiva del núcleo de un átomo.

RADIACIÓN
Energía que viaja a través del espacio en forma de ondas.

REFLEXIÓN
Cuando la luz rebota en un objeto y viaja en otra dirección.

REFRACCIÓN
Desviación de la luz al pasar de una sustancia a otra.

RESISTENCIA
Fuerza que actúa ralentizando los objetos que se desplazan por un líquido o gas.

RESPIRACIÓN
Proceso por el que las células vivas usan el oxígeno para liberar la energía de los alimentos.

SEDIMENTO
Fragmentos pequeños de rocas, minerales y materia orgánica.

SELECCIÓN NATURAL
Proceso por el que los organismos con menos rasgos exitosos mueren, mientras que los organismos con más rasgos exitosos sobreviven y pueden transmitir sus genes.

SEMILLA
Parte de la planta que contiene el principio de una nueva planta y alimento suficiente como para que crezca.

SÓLIDO
Estado de la materia en el que las partículas están muy juntas y tienen una forma determinada.

TIGRE DIENTE DE SABLE
Enorme felino extinto con unos caninos superiores largos y curvados.

VAPOR DE AGUA
Agua en estado gaseoso. También se llama vapor.

VELOCIDAD
Rapidez y dirección del movimiento realizado por un objeto.

VOLUMEN
Cantidad de espacio que ocupa un objeto.

Índice

Los números de página en **negrita** indican las entradas principales